영국의 주택

-영국인의 라이프 스타일-

야마다 카요코 · Cha Tea 홍차 교실 지음 | 문성호 옮김

AK TRIVIA BOOK

제2장 지역에 따라 다른 거리

제3장 양식에 따른 집의 선택

일러스트레이션 야마다 카요코

영국 히스로(Heathrow) 공항에 내리고, 런던 시내로 향하는 전철 창문 너머로 보이는 아름다운 붉은 벽돌로 지어진 거리. 해가 지면 거리가 오렌지색의 부드러운 빛에 휩싸입니다. 격자로 된 창문으로 보이는 샹들리에 등불. 저런 집에서 산다면 어떤 미의식이 몸에 배는 걸까. 영국의 집은 아름답다. 그렇게 느끼는 분들이 많지 않을까요.

영국인은 정말 집과 잘 친하게 지냅니다. 그들은 집을 '물건'으로 취급하지 않고, 집에 '생명이 깃들어 있다'고 믿습니다. 물론, 생명이 있는 것에는 수명이 있습니다. 살아가는 이상, 집 또한 노후화되는 것은 당연한 일입니다. 그렇기에 필요할 때 확실하게 메인터넌스(Maintenance, 유지·보수)를 실시합니다. 열화되면 부수고 공터에 새로 짓는 것이 아니라, 노후화된 집 나름대로의 장점을 찾아내 끊임없이 사랑합니다.

영국인은 집을 '물건'이 아니라 '문화'로 취급하는 겁니다. '문화'란 개인이 소유하는 것이 아닙니다. 문화란 계승되는 것입니다. 자신이 사는 집은 일정 기간은 자신의 것이지만, 당연히 전에 살던 사람이 있으며, 자신들 이후에도 누군가가 사는 곳이라 생각합니다. 하지만 대부분의 일본 사람들이 고집하는 것처럼 자기 자식들에게 물려준다는 의미가 아닙니다. 다음에 살 사람이 이 집을 사랑해주는 사람이라면, 그 누구라도 상관없는 것입니다.

집은 부서지지 않고 계승되는 것. 주민은 집을 현대 생활에 맞도록 수시로 개수합니다. 쾌적한 주거지는 비싸게 팔립니다. 자산 가치가 올라간 집은 다음에 이 집에 들어올 주민들을 기쁘게 하고, 그때까지 살던 주민은 더 좋은 주거지를 얻을 수 있습니다. 이러한 순환이 영국 집의 기본입니다.

'집과 토지'를 일체화해 생각하는 영국인은 집이 그 토지에서 '태어났다'고 표현합니다. 그들은 토지에 집착하지 않기 위해, 비좁아진 집, 능력에 어울리지 않게 방이 많은 집을 수시로 내려놓고, 자신들에게 맞는 집을 찾아 다음 땅으로 이동하곤 합니다. '토지'에 집착하고, 같은 토지에 오래 머물면서 건물만 다시 짓는 일본인과는 집을 대하는 사상이 크게 다릅니다.

영국의 집에 마음을 빼앗겨, 계속해서 영국의 일반 주택을 방문하는 여행 중인 건축가이자 여행가 야마다 카요코와, 영국의 건축 자재로 세워진 수입 주택에서 영국 홍차 문화 보급 활동 중인 Cha Tea 홍차 교실. 영국의 집을 사랑하는 저희가 영국 주택의 매력을 기초 지식과 함께 소개하려 합니다. 'Home is where the heart is(집은 마음이 깃드는 장소)', 영국적인 이 표현의 의미가 이 책을 통해 여러분께 전해지기를 바랍니다.

제1장
영국인과 집

영국인의 주택 선택

영국에는 지은 지 100년이 넘는 집들이 지금도 당연하다는 듯이 늘어서 있으며, 사람들은 옛날이야기에서나 나올 법한 아름다운 집에서 하루하루를 보내고 있습니다. 거기서 영위하는 생활은 어떤 것일까요.

TV나 책, 잡지 등에서 소개된 영국인의 주거나 삶을 보고, 막연하게 우리와는 다르구나… 하고 느낀 분도 많지 않을까 합니다. 영국에는 어째서 낡은 집이 남아 있고, 집 그 자체를 물려받는 연쇄가 가능한 걸까요. 이 장에서는 영국인의 라이프 스타일과 집의 선택에 대해 소개하겠습니다.

일본에서의 주택 구입

일본인이 평생에 걸쳐 구입하는 집은 평균 1~2채라고 합니다. 일본인의 '집' 선택은 어떤 걸까요. 일본에서는 일반적으로 사회인이 되는 경우가 계기가 되어, 기숙사나 임대 아파트 생활을 선택하는 사람도 있습니다. 그리고 대부분의 사람이 결혼해 안정이 되었을 때쯤 '집 구입'을 고려합니다. 그때의 선택지는 크게 나누면 '아파트' 또는 '단독 주택'입니다. 각각의 상황에 따라 다르지만, '신축'을 1순위로 희망하며, 일생일대의 쇼핑이라 각오하고 30년 이상의

※ 영국에서는 단독 주택을 디태치드 하우스라 부릅니다. 방이 많아 가족 단위로 살기 좋은 건물입니다.

대출을 껴서라도 내 집을 구입합니다.

　하지만 구입한 다음 해부터 집의 평가액은 낮아집니다. 3,000만 엔(약 3억 원)으로 지은 집도 20년 정도 지나면 건물 부분의 평가액이 상당히 낮아집니다. 토지와 집의 가치가 별도로 고려되며, 토지는 평가액이 오를 가능성도 있지만 건물에 관해서는 기대할 수 없는 것이 현재 상황입니다.

그렇기 때문에, 다음에 집을 사려 해도 그 이상의 집을 구입하려면 상당한 저축액이 필요합니다. 아주 큰 불편을 느끼지 않는 한 같은 집에 계속 사는 것이 보통이며, 다음 집을 사기 위해 저축하기보다는 노후 자금을 모으는 쪽이 더 중요시됩니다. 지금 사는 집을 수시로 개장해 살기 좋게 만들어가면서 평생 집과 함께하는 것이 일반적입니다. 즉, 집을 사는 건 평생에 한 번. 그리고 그 집을 아이들이 물려받는 것도 점점 어려워지고 있습니다.

최근 중고 건물을 디자이너즈 건물로 기업이 리노베이션(Renovation, 개수, 개축 등의 정비-역주)하여 재판매하는 케이스가 젊은 층에서 인기를 끌고 있습니다. 하지만 구입한 사람이 꼭 개장해야 하는 경우 어차피 돈이 들어간다면 새 집을 사고 싶어 하는 사람도 많아서, 일단 부수고 거기에 새 집을 짓는 것이 현재 상황입니다. 계속 개장하면서 다음 세대로 물려줄 수 있는 집은 그리 많지 않습니다.

✽ 영국에서의 주택 구입

그렇다면 낡은 집이 많이 남아 있는 영국의 경우, 어떠한 구조로 순환되는 걸까요. 영국인은 일생 동안 집을 평균 5~6채 구입한다고 합니다. 어째서 그런 것이 가능한 걸까요.

영국만이 아니라, 일본 이외의 대부분의 나라에서는 '토지'와 '집'

을 나누어 평가하는 경우는 없습니다. 토지와 건물은 일체화된 것이라 생각하는 것입니다. 그렇기 때문에, 영국인은 일본에서 토지와 집이 각각 가격이 설정되어 있는 것을 알면 굉장히 놀랍니다. 영국에서는 귀족이나 대지주 정도 되지 않는 한, 집은 자기 자식들에게 물려주는 것이 아니라 다음에 사는 사람들에게 물려주는 것이라 생각합니다.

그리고 집의 평가는 '새것일수록 좋은' 것이 아닙니다.

집을 구입할 때 영국인이 가장 먼저 검토하는 것은 '가격', '지역', '방 숫자가 가족 숫자와 맞는가', '외관'입니다. 인테리어는 자신들이 살면서 바꾸면 되기 때문에, 낡아도 상관없다고 생각하는 사람들이 많습니다. 인테리어가 제대로 되어 있지 않은 집을 저렴하게 구입한 다음 직접 리노베이션해 집의 가치를 올리는 사람들도 있습니다. 이러한 이유로 영국에서는 DIY(do-it-yourself)가 왕성하게 이루어집니다.

자신이 사는 집의 가치를 올려 다음 집을 구입할 자금으로 삼는다. 영국인은 이러한 일을 되풀이하며 집과 함께 살아가기 때문에, 집에 사는 사람들이 바뀌면서 순환되고 유지되는 것입니다.

이상적으로 보이는 순환이지만, 일본의 평가액 시스템으로는 어려운 것이 현실입니다. 순환은 국민의 공통 의식이 없으면 성립되지 않기에 역사와 교육의 산물이며, 지금 당장 일본이 받아들일 수 있는 것이 아닙니다. 하지만 집을 '계속 살려두는' 것을 고려하는 영국인의 '집'에 대한 투자 방식은 재미있으며, 배울 점이 많습니다.

그럼 어째서 영국인은 '토지'에 집착하지 않는 걸까요. 영국에는 토지를 소유하기 위한 권리로서 '프리홀드(freehold)'라는 자유 토지 보유권과, '리스홀드(leasehold)'라 불리는 부동산 임차권(不動産賃借權)이 있습니다.

프리홀드는 토지나 건물을 소유할 권리가 영구적으로 소유주에게 소속됩니다. 일본에서 토지 구입은 바로 이 프리홀드에 해당합니다.

이에 비해 리스홀드란, 토지나 선물의 리스홀드권은 개인이나 법무인이 소유하며, 그 건물을 일정기간 리스(임대)하여 한시적 소유권을 손에 넣어 이용하는 스타일을 말합니다.

영국은 원래 사유지가 적고, 토지의 태반이 왕실이나 대귀족, 그리고 교회의 소유였습니다. '영국 국토는 전부 왕실의 것'이라는 생각은 놀랍게도 11세기 윌리엄 정복왕(1027~1087) 시대까지 거슬러 올라가게 되므로, 과연 전통을 중시하는 영국답습니다.

'왕실의 소유물인 토지를 대귀족이 999년 계약으로 빌리고, 대귀족은 그걸 250년 계약으로 분할해 대기업이나 소귀족에게 다시 임대하며, 기업이나 개인은 이걸 다시 99년 계약으로 분할 임대한다.' 이것이 예로부터 계승되어온 영국의 독특한 시간적 소유권 시스템입니다.

토지는 '소유하는 것이 아니라 이용하는 것이며, 그 이용 기간에 따른 가치를 매매하는 것'으로 여겨져 온 것입니다. 옛날 중국에게

※ 가정에 배포되는 부동산 광고용 무료 신문. 일본의 부동산 광고처럼 방의 배치 등은 게재되어 있지 않습니다. 주택에 쓰인 건축 재료로 지역성을 느낄 수 있습니다.

※ 부동산 앞에 설치된 무료 신문. 누구나 자유로이 가져갈 수 있습니다.

※ 길거리 부동산의 쇼 윈도우.

서 99년 동안의 시간적 소유권을 취득했고, 기간 만료에 따라 반환된 홍콩의 할양(割讓, 일국의 영토 일부를 타국에게 이전하는 것-역주)도 리스홀드에 의한 것입니다.

지금은 영국에서도 프리홀드 물건이 주류를 이루고 있지만, 왕실 소유의 토지가 많은 런던이나 도시부의 역 주변 플랫(Flat, 영국식 표현으로 아파트-역주) 등에서는 리스홀드 물건을 볼 수 있습니다. 이 리스홀드 때문에 매상이 호조를 보이고 있음에도 기간을 연장하지 못해 옮길 수밖에 없는 점포나, 집을 상속받지 못하고 이사할 수밖에 없는 가족… 등등, 이런 케이스는 드문 일이 아닙니다.

🌱 부동산 광고

그럼 영국에서 집을 구할 경우, 사람들은 무엇을 참고로 할까요. 당연히 부동산 광고입니다.

영국에서는 1주일에 한 번 그 지역의 뉴스와 가게 광고 등이 주된 내용인 무료 신문이 각 가정에 배포됩니다. 여기에는 부동산 광고도 포함되어 있습니다. 광고라곤 해도 한 장 한 장 따로 되어 있는 형식이 아니라, 분야별로 나뉘어 신문 책자처럼 되어 있습니다.

부동산 책자는 몇 개의 부동산들이 순서대로 물건을 광고하는 형태로 만들어져 있으며, 종이는 갱지지만 풀컬러로 집 정보가 게재되어 있습니다. 이 광고에는 해당 지역에서 판매 중인 집이 주욱 라인업되어 있으며, 몇백 년도 더 된 초가집부터 신축 건물까지, 구성이 매우 풍부합니다.

일본의 부동산 광고와 가장 큰 차이점은 '방의 배치'가 게재되어 있지 않다는 점입니다. 집의 외관 사진과 메인이 되는 방사진 아

🏠 다양한 스타일의 집이 게재된 부동산 광고.

🏠 영국에서는 가구가 포함된 물건도 많으며, 부동산 광고에 실린 실내 사진은 마치 인테리어 잡지처럼 보이기도 합니다.

래에 어떤 방이 있는지, 마당은 있는지 등의 정보와, 위치 등이 몇 줄 기재되어 있습니다. 첫 번째로는 외관이 중요하며, 방 숫자와 가격을 알 수 있으면 방의 배치는 그 다음이라는 인상입니다. 방의 배치 등 상세한 내용을 알고 싶을 때는 그 회사의 홈페이지에 접속하면 볼 수 있습니다.

인터넷의 보급으로 인해 무료 신문이 사라진 지역도 있다고 합니다만, 거리의 부동산 앞에는 무료 신문이 배치되어 있어 쉽게 얻을 수 있습니다.

영국인이 집을 구할 때 주택 그 자체 이외에도 반드시 확인하는 조건이 앞서 말했던 '프리홀드'

⚘ 정면에 길이 오도록 주택들이 규칙적으로 건축되
   어 있습니다. 집 뒤쪽에는 각 집의 백 가든이 펼쳐
   져 있습니다.

와 '리스홀드'라는 토지에 관한 소유권 항목입니다. 리스홀드 물건
인 경우는 권리 기간이 몇 년인지 확인할 필요가 있습니다. 리스
홀드 기간은 90년부터 999년까지 있는 등 폭도 매우 넓고, 70년이
안 되는 경우에는 대출을 받을 수 없을 때도 있습니다.

　리스 기간이 짧은 집은 팔 때 구매자가 쉽게 손이 가지 않습니
다. 리스를 연장 갱신하는 방법도 있습니다만, 고액의 갱신 수수
료가 필요하기에 주의가 필요합니다. 또, 영국에서는 토지만 판매
하는 것은 매우 특별한 일이므로, 물건 정보에서 '토지'를 발견하
는 것은 흔치 않은 일입니다.

영국에서는 동서남북 등 건물이 향하는 방향과는 상관없이 현관을 길가를 향해 정면으로 배치하며, 프라이빗 공간인 마당을 뒤쪽에 설치하는 암묵적인 룰이 있습니다.

집의 정면에 마당이 달린 주택은 부지에 약간 여유가 있는 교외 물건이 많으며, 대개 주차장도 겸하고 있습니다. 도심부에서는 도로에서 현관까지 몇 미터 정도의 짧은 어프로치 부분에 가로수를 심을 수 있을 정도의 공간이 있습니다. 이 정면 부분을 '프론트 가든(Front garden)'이라 부르며, 이것은 거리에 공헌하는 의미도 지니고 있습니다.

영국인에게 마당이란 '백 가든(Back garden)'이라 불리는 뒤뜰 부분을 말합니다. 영국인은 마당을 제2의 거실(Living room), 프라이빗 공간으로 간주하기 때문에, 일반 사람들이 볼 수 있는 길가에는 마당을 배치하지 않습니다.

일본에서는 도로가 어디에 있다 해도, 건물은 북쪽을 접하게 하고, 빛이 들어오는 남쪽 면을 가능한 한 크게 만든 물건이 인기입니다. 그렇기에 남향인 길가에 마당이 있으며, 마당을 통해 현관으로 들어가는 집도 많습니다. 그에 비해 영국에서는 애초에 구름이 낀 날이 많기 때문에 방위에 대한 집착은 일본보다 훨씬 낮으며, 북향 물건이라 해도 신경 쓰지 않는 사람이 대부분입니다. 그렇기에 부동산 광고에 방위가 실리는 경우는 거의 없습니다.

영국에서는 인접한 집도 마찬가지로 길가에 건설하며, 통일된 넓

🏠 백 가든은 밖에서는 보이지 않는 프라이빗 공간입니다.

이의 백 가든을 배치하는 거리 만들기가 권장되었습니다. 건물의 배후에 설치된 백 가든은 양쪽 옆, 뒤쪽 집과 마당끼리 인접하며, 한 구역의 주택 한 가운데에 커다란 마당이 형성되는 구조입니다.

커다란 집합체가 된 마당은 건물의 그늘에 가려져 버릴 걱정이 없습니다. 마당이 북향이라 해도 건물이라는 장해물이 없는 마당은 어딘가에 빛이 닿는 장소가 생기기 때문에, 주민은 그곳에 의자나 테이블 등을 놓고 햇살을 느끼는 공간을 쉽게 만들 수 있습니다. 그리고 여러 집의 마당이 모여 만들어진 거대한 마당은 새나 작은 동물들을 그 지역으로 불러오며, 주택지 전체의 자연과의 밀착도를 높이게 됩니다.

집은 토지에서 나는 것이라 믿는 영국인에게, 마당이 있는 생활은 일종의 사회적 지위를 드러내는 심볼이기도 합니다.

마당을 가꿀 여유가 있는 생활은 대도심에서는 쉽게 맛볼 수 없는, 교외에서나 가능한 특별한 즐거움입니다.

그런 영국인의 마당에 대한 마음이 표현된 영화 「디스 뷰티풀 판타스틱(This Beautiful Fantastic)」(2016). 주인공인 벨라는 훌륭한 백 가든이 있는 플랫(Flat)에 살고 있었지만, 마당 상태는 참혹했습니다. 어느 날 그걸 본 집주인은 1개월 이내에 잘 손질된 정원으로 복구시키고, 그렇지 못하면 쫓아낼 것이라 통보합니다.

그런 그녀를 구해준 것이 마당을 무척이나 사랑하는 이웃 노인이었습니다. 그는 벨라에게 마당이 '아름다운 질서를 유지한 혼돈(카오스)의 세계'임을 가르쳐줍니다. 적극성이 없던 벨라가 노인과 함께 마당을 접하면서, 마당에 심은 꽃이 싹을 틔우듯 꿈을 향해 성장해나가는 모습은 어쩐지 모르게 응원을 보내고 싶어집니다. 마당을 만들기 위해 분투한 지 1개월 후, 동료에게 도움을 받은 벨라의 마당은 사람들이 모이는 장소로 다시 태어났고, 가든파티가 개최될 정도가 됩니다. 마당은 또 하나의 거실이라고도 생각하는 영국인다운 마지막 장면을 보면 따스한 마음이 생겨날 겁니다.

라이프 스타일에 따른 집 선택

영국인은 라이프 스타일의 변화에 따라, 그때그때 집을 바꾸며 살아갑니다. 선택은 다양하지만, 어떤 집으로 이사하는지를 보편적인 예로 소개합니다.

방갈로(bungalow)

나이를 먹으면 집을 메인터넌스하기가 굉장히 힘들어집니다. 그렇기 때문에 '방갈로'라 불리는 단층집으로 이사하거나, 작은 테라스 하우스나 플랫을 선택해 자신의 상황에 맞는 조용한 삶을 영위합니다.

세미 디태치드 하우스 (semidetached house)

결혼해 가족이 늘거나 하면 도심에서 약간 벗어난 마당이 딸린 좀 큰 집을 원하는 사람들이 늘어납니다. 한 건물이 두 채로 나뉜 '세미 디태치드 하우스'는 비교적 적당한 편이라 인기가 있습니다.

⇕ 일본의 아파트와 비슷한 형태의 플랫. 문 디자인은 각자 취향에 맞도록 변경했습니다.

플랫(Flat)

영국인의 대부분은 사회인이 되면 부모 곁을 떠나 독립합니다. 최초의 집은 임대로 시작하며, 자금이 모이면 일본에서 말하는 아파트를 의미하는 '플랫'을 구입합니다. 외관은 '테라스하우스'처럼 보이지만 현관에 다수의 인터폰이 존재하며, 영국에는 각 층별로 나뉜 '컨버전 플랫'이 다수 존재합니다. 고령자들에게도 인기입니다.

테라스 하우스(terrace house)

파트너와 생활하게 되거나, 수입이 늘어나면 마당이 딸린 '테라스 하우스'를 구입하고 싶어합니다. 런던 등 일부 대도시 중심부의 테라스 하우스는 가격이 억 단위가 넘어가며, 넓은 편이라 가족이 늘어도 충분한 물건도 있지만, 보통은 침실 2~3개 정도 사이즈의 테라스 하우스가 주를 이룹니다.

디태치드 하우스 (detached house)

아이들도 성장하고, 가계에도 여유가 생기면 방도 마당도 큰 단독 주택 구입도 시야에 들어옵니다. 교외에 지은 커다란 디태치드 하우스는 침실이 4개 구비되어 있는 등 대가족을 위한 물건입니다. 하지만 이렇게 큰 집은 아이들이 독립한 후에는 자연스럽게 빈 방이 생기게 됩니다. 영국인은 빈 방을 좋아하지 않습니다. 그렇기에 그런 시기가 오면 가족 수에 맞는 작은 집으로 이사를 검토하기 시작합니다. 일부 사람들은 정착을 희망하기에 집 일부를 '플랫'으로 임대 운영하는 사람도 있습니다.

블루 플라크

라이프 스타일 변화에 따라 집을 바꿔가며 살아가는 영국인. 그건 일반인만이 아니라, 저명인사들도 마찬가지입니다. 그렇기에, 영국의 건물을 보면 벽에 푸른 플레이트가 붙어 있는 집을 자주 볼 수 있습니다. 플레이트에는 '인물명', '탄생 연도와 사망 연도', '직업', '어떤 이유로 어느 기간 동안 건물에 거주했는가'가 적혀 있습니다. 이 플레이트는 '블루 플라크(Blue plaque)'라 부르는 것으로, 저명한 인물이 살았던 집 또는 역사적 사건이 있었던 장소에 부착되어 있습니다.

인정해주는 곳은 영국의 역사적 건조물을 보호하는 조직으로, 건물의 역사적 관계를 알리기 위해 플레이트를 설치하고 있습니다. 현재의 선출

♦ 조곡 『행성(The Planets)』(1914~16)으로 유명한 영국인 작곡가 구스타브 홀스트(Gustav Holst, 1874~1934)가 살았던 집. 그는 1908년부터 1913년까지 이 집에서 살았습니다.

♦ 찰스 로버트 다윈(Charles Robert Darwin, 1809~1882)이 살았던 집에 걸려 있는 플라크. 그는 『종의 기원(On the Origin of Species)』(1859)을 발표했을 때 이 집에 9주 동안 묵었습니다.

조건은 1954년에 제정되었으며, 대상이 되는 인물은 사후 20년 혹은 생후 100년이 지나야 하는 것이 조건입니다. 가공의 인물이나 외국인도 대상에 포함된다고 하니 놀라운 일입니다.

가공의 인물 중 대표격인 것이 그 유명한 셜록 홈즈(Sherlock Holmes). 베이커 스트리트에 있는 셜록 홈즈의 테라스 하우스에는 블루 플라크가 걸려 있습니다.

일본인 중에서는 나츠메 소세키(夏目漱石, 1867~1916)가 유학 시절 하숙했던 집에도 이 플레이트가 부착되어 있습니다.

블루 플라크는 1998년까지는 런던에만 설치되었지만, 1998년 이후에는 영국 전토가 대상이 되었기에 현재는 영국 전토에서 800개 이상의 플레이트를 볼 수 있습니다.

1867년 부착된 최초의 플라크는 갈색이었지만, 플라크 관할 기관이 몇 번 바뀌면서 1937년 이후에는 플라크 색이 푸른색으로 통일되어 '블루 플라크'로 정착되었습니다. 플라크의 크기는 직경 40cm, 필요한 문자는 흰색으로 표기합니다. 영국을 방문했을 때 건물 외벽에 푸른 플레이트를 발견했다면 주목해주십시오. 생각지도 못한 인물과 관련이 있는 곳을 알게 될지도 모릅니다.

참고로 블루 플라크가 걸려 있다 해도 그 건물이 박물관이 된 것은 아니며, 현재는 일반인이 평범하게 사는 건물인 경우가 태반입니다.

테라스 하우스

테라스 하우스(terrace house)란 주로 도심에서 볼 수 있는 3채 이상의 집이 연립 주택처럼 늘어서 있는 형태의 집을 말합니다. 런던 시내나 교외의 역 앞에서 자주 볼 수 있는 주택 형식입니다. 1층(지하)부터 최상층까지 한 채에 한 가족이 사는 주택입니다. '플랫'처럼 '땅'에 자리 잡지 않는 주택 형태보다 더 높은 레벨의 집으로, 인기가 좋은 물건입니다. 테라스 하우스는 귀족이 살 것 같은 대규모의 테라스부터, 서민들이 살 법한 소규모의 방 숫자가 적은 테라스까지 다양한 물건이 있습니다.

테라스 하우스는 1631년 런던 코번트 가든(covent garden)에 건설된 것이 최초라고 합니다. 1666년 런던 대화재로 대부분의 목조 주택이 소실되었지만, 돌이나 벽돌로 만든 연속 주택이 방화 지대로서 유효하게 기능한 것이 높은 평가를 받아 널리 퍼지게 되었습니다. 1774년경부터 본격적으로 도시화가 진행되어, 현재도 볼 수 있는 아름다운 조지안 양식의 테라스 하우스가 보급되었습니다.

테라스 하우스는 지주에 의해 블록 단위로 지어집니다. 한쪽 끝에서 끝까지 똑같은 디자인의 집을 짓는 테라스도 있지만, 기본은 중앙부, 좌우 끝 부분, 이들을 연결하는 부분 등 3요소를 지닌 시메트리 건물로 만든다는 법칙이 있습니다. 한 채 한 채는 작지만, 모이면 궁전 같은 호화로움을 연출할 수 있습니다.

런던의 테라스 하우스는 무척 아름다운 디자인의 건물이 많으며, 다양한 시대의 건축 양식의 특징을 지니고 있습니다. 현관에

Large   Medium   Small

⬆ 1774년 런던 건축법으로 정해진 테라스 하우스 규정. 법률에 의해 정면의 폭, 깊이, 면적이 지정되었습니다. Large는 정면의 폭이 7.3미터, 면적이 46~83평방미터 정도. Medium은 정면의 폭이 4.9~6.3미터, 면적이 33~46평방미터 정도. Small은 정면의 폭이 4.4미터, 면적은 33평방미터 정도였습니다. 테라스 하우스의 중앙 부분 등 특수한 부분은 Large 이상의 사이즈가 되는 경우도 있었습니다.

⬆ 런던의 일등지에 있는 테라스 하우스. 지하부터 최상층까지의 한 건물이 집 한 채입니다.

🕯 2층 창문이 크게 만들어진 고급 테라스 하우스. 유복한 사람들을 대상으로 하는 물건입니다.

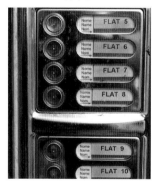

🕯 한 채의 테라스 하우스를 여러 가정이 쉐어하는 형태의 컨버전 플랫의 현관. 문패와 인터폰이 가구 수만큼 있습니다.

는 작은 프론트 가든, 그리고 뒤에는 백 가든이 있는 타입의 주거가 많으며, 마당을 사랑하는 영국인의 가치관을 여기서도 엿볼 수 있습니다.

수많은 테라스 하우스 중에서 영국에서 가장 유명하다고 해도 과언이 아닌 테라스 하우스는, 남서 잉글랜드의 대도시 바스(Bath)에 있는 '로열 크레센트(Royal Crescent)'라 불리는 초승달 형태(크레센트)의 테라스 하우스입니다.

☗ 바스에 있는 '로열 크레센트.' 1767~74년에 건축가 존 우드(1728~1782)가 건설한 30채
가 연결된 초승달형 테라스 하우스.

이 건물은 그레이드 I (177쪽 참조)로 지정되어 역사적 건물로 인
정받았습니다. 현재 오른쪽 끝은 박물관이 되었으며, 중앙의 건물
2채는 고급 호텔이 되었습니다. 그중 몇 채만 지금도 옛날처럼 테
라스 하우스로 사용되고 있습니다. 그리고 다른 건물은 전부 '플
랫'으로 매각되어 주택으로 이용되고 있습니다. 참고로 플랫 하나
의 가격은 억 단위가 넘는 고급 물건입니다.

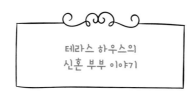
그렇다면 실제로 현재 테라스 하우스에 사는 사람들

이 어떤 이유로 집을 선택했는지를, 런던 교외의 테라스 하우스에 사는 부부와 고양이 한 마리로 구성된 가족을 예로 들어 설명하겠습니다.

런던 시내에서 일하는 30대 중반의 이 커플은, 테라스 하우스에 살기 전에는 런던 교외의 플랫에서 살았습니다. 이사를 생각하게 된 계기는 둘이서 살게 되어 집이 좁아졌다는 점, 결혼을 시야에 넣게 되었다는 점, 그리고 마당에 대한 집착이었습니다.

영국인에게 이사 이유를 물으면 '마당이 있었으면 해서', '마당이 좁아서' 등 마당에 욕심을 내는 이야기를 자주 들을 수 있습니다. 처음에는 마당이 있는 집을 구입하지 못한다 해도, 어느 정도 여유가 생긴 다음 단계에는 마당이 딸린 테라스 하우스를 동경합니다. 그들 또한 마당이 딸린 넓은 집을 바랐던 것입니다.

런던의 기업에서 일하는 두 사람의 필수 조건은 런던 시내와 가까울 것, 그리고 자연이 잔뜩 있는 환경일 것 두 가지였습니다.

두 사람이 선택한 것은 반즈(Barnes)라는 런던에서 전철로 30분 정도 걸리는 템즈 강변의 마을. 그 마을은 18~19세기의 건물이 잔뜩 늘어서 있었고, 커다란 삼림 공원도 있는 조용한 마을입니다. 역사와 자연을 사랑하는 그들은 이 마을의 1820년에 세워진 리전시 양식(142쪽 참조)의 테라스 하우스 구입을 결심합니다. 작긴 하지만 백 가든이 있으며, 역사 깊은 집 양식과 방 숫자가 이상적이었다는 점, 그리고 입지 조건도 맞아서 굉장히 마음에 들었던 모양입니다. 인테리어나 방 구조는 나중에 직접 변경할 수 있기 때문에 별로 신경쓰지 않았다고 합니다.

구입한 지 4개월이 지난 후 방문했을 때, 그들은 이미 '이 방은 이렇게 할 거야', '저 방은 이런 식으로 인테리어를 바꿀 거야' 등, 집의 리노베이션 이미지를 이야기해주었습니다. 살아가면서 집을 자신들의 스타일에 맞게 바꾸어가는 것은 영국인에게 지극히 자연스러운 일입니다. 그로부터 2년 후 그들은 결혼했고, 그 이미지 그대로 리노베이션을 완료했습니다. 부엌(kitchen)과 식당(dining) 2개의 방으로 나뉘었던 반지하 방은 하나의 커다란 다이닝키친(dining kitchen)이 되었으며, 동경하던 백 가든이 잘 보이게 되어 '무척이나 기분 좋은 아침을 맞이할 수 있다'면서 행복한 듯이 말해주었습니다.

남편은 아침 일찍 템즈 강변을 따라 조깅을 나서고, 그 동안 부인은 홍차를 끓이며 아침 식사를 준비합니다. 맞벌이를 하는 두 사람은 집에 오는 시간도 제각각이지만, 빨리 퇴근한 쪽이 저녁을 준비하는 이상적인 삶이 전개되고 있었습

✿ 신혼 커플이 사는 런던 교외의 테라스 하우스. 리전시 시대의 건물로, 반지하가 있습니다.

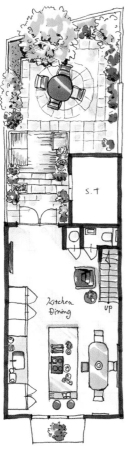

⚘ <2층> 부부의 침실이 있습니
다. 플레이 룸은 반려묘의 방
이 된 모양입니다.

⚘ (위)<반지하> 넓은
오픈 다이닝키친이
매력적입니다. 뒤에
는 백 가든도 있습
니다.

⚘ (오른쪽)<1층> 리노
베이션으로 방 2개
를 뚫어 만든 거실
공간은 쾌적합니다.
안쪽에는 손님용 방
이 있습니다.

니다.

　친구들도 많고,
가까운 플랫에 사
는 여동생도 가끔
놀러와 자고 가는
모양이라. 손님용
방도 완비되어 있
습니다. '언제든지
손님을 맞이할 준
비가 되어 있으니
까 대환영이야'라
며 상냥하게 말하
는 부부가 무척이
나 행복해 보였습
니다.

런던의 플랫
영화『베라 드레이크』

2005년 공개된 영화『베라 드레이크(Vera Drake)』는, 1950년대 런던의 해니벌 로드에 있는 전쟁 피해자용 공영 플랫에서 가족들과 넷이서 가난하게 살아가던 주부 베라 드레이크를 주인공으로 한 작품입니다. 베라는 중산층 가정의 청소부 일을 하면서 노모를 돌보며, 이웃 노인들을 기꺼이 돌봐주는 마음씨 착한 여성입니다.

일을 마치고 돌아온 베라가 엘리베이터도 없는 플랫의 계단을 열심히 올라가, 투박한 문을 열고 좁은 집으로 돌아옵니다. 사람이 한 명 들어가면 움직일 수도 없을 것만 같은 좁은 부엌에서, 그녀는 우선 물을 끓입니다. 이 물은 홍차를 끓이기 위한 물. 남들이 동경할 법한 인테리어나 가재도구는 없지만, 베라를 중심으로 가족이 모여 앉은 식탁에는 서로가 서로를 위해주는 사랑으로 가득합니다.

하지만 그런 베라에게는 20년 가까이 가족들에게 숨겨온 비밀이 있습니다. 그것은 바라지 않은 임신을 한 소녀들을 위해 인공 임신 중절을 돕고 있다는 것입니다. 소녀들을 소개해주는 것은 베라의 소꿉친구. 그녀는 베라에게는 비밀로 소녀들에게서 소개료를 받고 있습니다. 하지만 베라는 그것도 모르고, 임신 중절 행위는 소녀들을 돕기 위한 자원봉사로 받아들이고 있는 것입니다.

그녀의 행복은 어느 날 순식간에 붕괴되고 맙니다. 베라의 임신 중절 처치 후 상태가 급격히 나빠진 여성이 병원으로 운반되는 바람에, 그녀의 존재가 경찰에 발각되고 만 것입니다. 그 날 베라의 플랫에서는 내성적인 성격이라 사람을 잘 사귀지 못했던 딸이 드디어 만난 소박한 청년

☗ 노동자 계급용 플랫.

☗ 교외에 있는 플랫. 간소하게 만들어져 있습니다.

과의 소소한 약혼 파티가 벌어지고 있었습니다. 행복의 절정에 도달한 가족들 앞에서 경찰서로 연행되는 베라. 너무나도 안타까운 장면입니다.

　당시 영국에서 정규 루트로 임신 중절을 할 수 있는 여성은 돈이 많은 중산 계급 이상뿐이었으며, 가난한 자들의 불법 임신 중절은 커다란 사회문제였습니다. 현재도 갑론을박이 벌어지고 있는 인공 임신중절 문제를, 작은 플랫에 사는 가난한 노동자 계급 사람들의 인정과 가족의 유대감을 통해 묘사한 마음을 울리는 영화입니다.

런던의 테라스 하우스
디킨즈 박물관

🌸 현관문 색과 맞춘 박물관 간판. 테라스 하우스 한 쪽 구석에 다른 주거지와 함께 나란히 존재합니다.

런던 시내 러셀 스퀘어(Russell Square) 역에서 도보로 15분 정도 거리의, 조지안 시대의 건물이 늘어선 에어리어에 건축된 테라스 하우스 중 하나에 '디킨즈 박물관(Charles Dickens Museum)'이 있습니다.

1805년에 건축된 3층 건물인 이 테라스 하우스에서는, 찰스 디킨즈(1812~1870)가 1837년 3월부터 1839년 12월까지 2년 반 동안 살았습니다. 주변의 테라스 하우스들은 현재도 일반 사람들이 살기 때문에, 박물관 표시는 최소한으로 억제되어 있고 문도 닫혀 있습니다. 문의 인터폰을 누르고 안으로 들어가는 스타일로 되어 있습니다.

1837년 런던에서는 주택 구입보다는 임대가 일반적이었으며, 디킨즈 부부도 3년 계약으로 이 집을 빌렸습니다. 이 집에는 디킨즈 부부 말고도, 디킨즈의 동생과 부인의 여동생도 동거했습니다. 부인과의 사이에서 둘째, 셋째를 낳아 가족이 늘어나면서, 디킨즈 일가는 더 큰 집으로 이사했습니다. 이 집의 서재에서 디킨즈가 쓴 작품은 『피크위크 클럽의 기록(The Pickwick Papers)』(1836~37), 『올리버 트위스트(Oliver Twist)』(1837~39), 『니콜라스 니클비(Nicholas Nickleby)』(1838~39)입니다.

오전용 거실, 식당, 응접실, 서재, 침실, 지하의 하인의 방 등 모든 방에 당시의 생활이 재현되어 있기에, 빅토리아 시대의 생활 형태를 알고 싶

🖈 인테리어는 당시처럼 재현되어 있습니다.

은 사람에게는 아주 좋은 공부가 될 수 있는 박물관입니다.

이 집에 살 당시 디킨즈의 집에는 주방장, 하인(Footman), 메이드(Maid), 간호사 등, 고용인이 4명이나 있었던 모양입니다. 그런 고용인의 활동 에어리어였던 지하에는 가사 일에 쓰이던 도구류도 세부까지 재현되어 있습니다. 박물관 내부에 전시된 디킨즈 직필 원고나 편지 보유량은, 팬에게는 더할 나위 없는 감동을 안겨줄 것입니다.

🖈 안쪽에 보이는 문은 조지안 양식의 특징이기도 한 패널 6장짜리 문입니다.

🖈 백 가든에서는 카페에서 주문한 홍차를 즐길 수도 있습니다.

세미 디태치드 하우스

'세미 디태치드 하우스(semidetached house)'란 영국 주택만의 형태라 할 수 있는 것으로, 2개의 주택이 좌우 대칭으로 인접해 있어 하나의 집처럼 보입니다. 세미 디태치드 하우스는 도심지를 벗어나면 많이 볼 수 있습니다.

세미 디태치드 하우스의 보급은 빅토리아 왕조 중기(1851~74)에 시작되었습니다. 도시의 대기 오염 등 환경 악화, 그리고 1850년대의 철도 발전과 함께 교외에 주택지가 개발되기 시작했습니다. 도심의 테라스 하우스에서 서서히 교외의 2연 주택인 세미 디태치드 하우스, 한 건물인 디태치드 하우스가 주목을 모으게 되었습니

※ 원래는 같은 색으로 지어진 세미 디태치드 하우스지만, 사는 사람들의 취향에 맞춰 외관 도장이 리노베이션되었습니다.

⌘ 1930년대를 대표하는 세미 디태치드 하우스.

다. 교외의 여유로운 부지, 그리고 커다란 마당에 이끌린 사람들로 인해 대도시 교외에는 커다란 주택가가 형성되기 시작했습니다.

　빅토리아 왕조 시대, 세미 디태치드 하우스가 보급된 이유는 크게 3가지로 볼 수 있습니다.

　첫 번째 이유로는 '외관이 멋지다.' 실제로는 2채가 연결된 주택이지만, 멀리서 보면 한 채의 커다란 건물이기 때문에 크고 호화롭

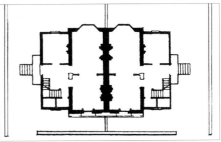

🏠 <그림1> 세미 디태치드 하우스 평면도. 십자
가처럼 보입니다.

🏠 런던 교외의 신축 세미 디태치드 하우스. 세
미 디태치드 하우스는 현재도 인기 있는 건
축 스타일입니다.

게 보이며, 좌우대칭의 위엄 있는 외관을 보여줄 수 있다는 점에서
인기를 모았습니다.

　두 번째 이유는 '방범 대책'이라는 면에서 안심할 수 있다는 것.
오랫동안 집을 비울 때, 어느 한쪽의 가족이 집에 있으면 방범성이
높아집니다. 세미 디태치드 하우스는 교외에 있기 때문에 방범을
신경 쓰는 사람도 많았고, 효과적이었다고 합니다.

　세 번째는 '신이 깃든 디자인'이라는 종교적인 이유를 들 수 있습
니다. <그림1>은 평면도로, 세미 디태치드 하우스를 부지를 포함
해 위에서 내려다 본 그림입니다. 평면 디자인이 십자가로 보이는
걸 알아보실 수 있을까요. 물질적으로 풍요로워지면서 마음의 풍
요로움이 사라져가던 빅토리아 왕조 시대, 세미 디태치드 하우스
는 가정생활의 행복을 바라던 그리스도 교도들이 받아들이기 좋

⚜ 교외의 주택가에는 세미 디태치드 하우스가 늘어서 있습니다.

⚜ 에드워디안 시대의 세미 디
태치드 하우스.

은 집이었다고 합니다.

현재도 영국에서는 세미 디태치드 하우스라는 형태가 정착되어
있으며, 영국 각지에서 다양한 디자인의 세미 디태치드 하우스를
볼 수 있습니다.

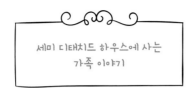

여기서는 실제로 세미 디태치드 하우스에 사는 4인 가족과 개 2마리의 생활을 소개하겠습니다.

기업에서 일하는 남편과 교사인 부인은 40대 중반으로, 10대의 딸과 아들이 있습니다. 결혼했을 당시에는 테라스 하우스에 살고 있었지만, 아이가 생긴 후 자신들이 원하는 크기의 집을 찾다가 지금의 집을 발견했다고 합니다. 구입을 결심하게 된 결정적인 계기는 방 숫자 외에도, 마당을 무척이나 좋아하는 부인에게 이 집의 넓은 마당과 배경으로 보이는 마을의 심볼이기도 한 모번 힐이라고도 불리는 언덕의 존재가 매력적이

♔ 빅토리아 왕조 시대의 세미 디태치드 하우스. 4인 가족과 개 2마리는 우측에 살았습니다.

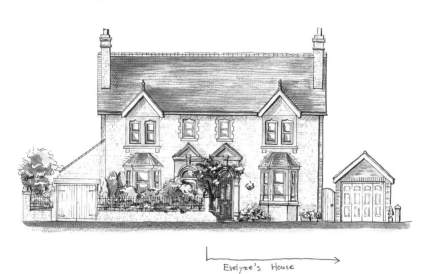

Evelyne's House

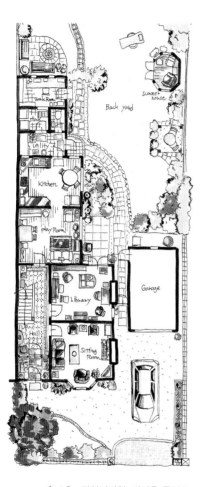

<1층> 다이닝키친, 거실을 중심으로 손님용 방과 서재 등 방 숫자가 많습니다. 안쪽에는 DIY용 작업실도 있습니다. 백 가든은 집의 길이 정도 되는 넓이로, 서머 하우스와 페르골라 등이 설치되어 있습니다.

었기 때문입니다.

이 집은 1897년 빅토리아 왕조 시대에 지어진 건물로, 마침 빅토리아 여왕 즉위 60주년을 기념하는 해였기 때문에 '1837 · 1897 DIAMOND JUBILEE'라 각인된 벽돌이 담에 포함되어 있습니다. 영국인에게 이러한 역사적인 의미를 지닌 집은 평가가 좋고 자랑스러운 것이기에, 방문했을 때도 각인 벽돌을 제일 먼저 보여주었습니다.

마당에서 보내는 시간을 사랑하는 부인은 마당 여러 곳에 의자를 놓았고, 서머 하우스(Summer house)와 페르골라(Pergola, 마당 등에 만드는 격자무늬 아치형 구조물)를 설치하고, 그때의 날씨와 시간에 따라 최적의 장소에 앉아 차를 마시거나 독서를 즐겼다고 합니다. 집안에서 가장 마음에 드는 장소가 어디냐고 물었더니, "하나만 선택할 수가 없어요. 시간이나 기분에 따라 달라지는걸요"라는 대답이 돌아왔습니다.

사실 이 질문에 대한 대답은 다른 집에서도 몇 번인가 들었던 경험이 있습니다. 계절에 따라, 시간에 따라 자연은 변화하고 방에 미치는 영향도 바뀐다는 것을 의미하며, 집과 자연과의 관계를 중요하게 생각하는 영국인 기질이 드러난 대답인 것입니다.

집을 구입한 후 인테리어를 조금씩 바꾸거나, 부엌을 새로 만드는 등 자신들이 쾌적하게 생활할 수 있도록 손을 봅니다. 마당에서 노는 아이들과 강아지의 모습이 보이도록, 또 비 오는 날에도 마당을 내다 볼 수 있도록 백 가든과 인접한 창문을 큰 것으로 바꾸기도 한 모양입니다.

<2층> 3개의 침실 외에 업무용 방도 있습니다.

그리고 부인이 계속 신경이 쓰였던 집의 외관과 어울리지 않는 목제 차고를 시대에 맞는 건물로 만들면서 일단락이 되었다고 합니다. 다시 만든 이유가 '낡았으니까'가 아니라, '시대에 맞지 않으니까'라는 점 또한 영국인다운 발상입니다. 아이들이 다 커서 독립할 때까지는, 지금의 집이 마음에 들기 때문에 이사할 예정은 없는 모양입니다.

☗ 리전시 시대의 디태치드 하우스. 좌우 대칭으로 만들어진 것이 특징입니다.

디태치드 하우스

'디태치드 하우스(detached house)'라 불리는 단독 주택은 빅토리
아 왕조 이전에는 휴양지의 별장으로 활용되었습니다. 잉글랜드
서부에 위치한 첼트넘(Cheltenham)에는 19세기 초반 부유층이 사용

✿ 빅토리아 왕조 시대의 디태치드 하우스. 베이 윈도우라 불리는 튀어나온 창문이 특징
입니다.

했던 디태치드 하우스가 많이 남아 있습니다.

　디태치드 하우스는 빅토리아 왕조 중기 이후에 교외를 중심으로
일반에 보급되기 시작했습니다. 세미 디태치드 하우스에 비해 고
가였지만, 단독 주택이기 때문에 이웃을 신경 쓰지 않아도 된다는

🏠 빅토리아 왕조 시대의 디태치드 하우스. 장식성이 무척 풍부한 물건입니다.

점, 방 숫자가 많다는 점 등 장점이 있어, 사람들의 동경의 대상이 되었습니다. 디태치드 하우스는 마당도 넓기에, 마당 가꾸기를 좋아하는 사람들에게도 사랑받았습니다.

20세기 이후에 지어진 디태치드 하우스는 작은 사이즈의 물건도 많았고, 구입층도 더욱 확대되었습니다.

방 숫자가 많다는 이점을 살려, 주택의 지하 부분 등을 플랫으로 세를 주는 주인들도 많이 있습니다.

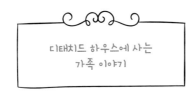

디태치드 하우스에 사는
가족 이야기

그림 디태치드 하우스에 사는 부부와 아이 셋, 개 한 마리로 구성된 가족을 소개하겠습니다. 부부는 전에는 다른 마을의 테라스 하우스에 살다가 셋째가 태어났을 때, 남편의 직장과 가까운 그레이트 맬번(Great Malvern)에 한정해 방 숫자가 더 많은 집을 찾기 시작했습니다. 이 집은 1846년에 맬번의 돌로 건축된 훌륭한 빅토리아 왕조 시대의 집입니다. 하지만 당시에는 내부가 폐허 상태였기에 5년 동안 구매자가 나타나지 않았던

⚜ 빅토리아 왕조 시대에 지어진 디태치드 하우스. 중후한 외관을 보입니다.

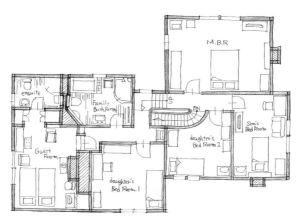

⌂ <2층> 5개의 침실은 현재 부부, 딸, 그리고 고령의 아버지와 일시적으로 맡은 아이들이 사용하고 있습니다.

물건이었습니다. 그래서 놀라울 정도로 싼 가격에 팔고 있었습니다.

　DIY를 좋아하던 부부는 그 집에 살면서 직접 개장하면 된다고 생각하고, 입지가 좋고 방 숫자를 살릴 수 있다는 앞으로의 전망을 보고 구입을 결정했습니다. 구입 당시 부부는 40대였지만, 지금은 50대가 되었습니다. 그 10년 동안, 부부는 계속해서 DIY로 집을 개장해왔으며, 방 하나 하나를 만족스러운 방으로 완성해왔습니다. 그렇기에 현재 이 집의 가치가 구입할 때보다 두 배 이상으로 올랐다며 자랑스러워했습니다.

　이처럼 외관은 멀쩡하지만 내부가 폐허 같은 집을 싸게 구입하고, DIY로 되살려 평가를 올리는 집에 대한 투자 방식은 그야말로

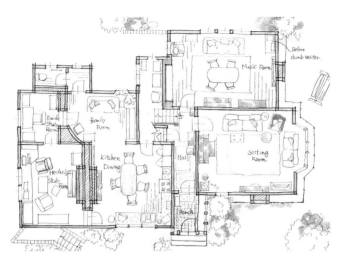

‡ <1층> 부엌, 식당, 거실을 중심으로 손님용 방, 음악실, 부부 각자의 업무용 방 등. 여유로운 구조로 되어 있습니다.

영국 스타일입니다.

사용하지 않는 지하는 자신들의 주거 공간과 연결되는 계단을 막아 '플랫'으로 개수. 현재 혼자 사는 여성에게 세를 놓았습니다. 자신들의 가족 규모보다 조금 큰 집을 구입해 일부를 임대해주며 운영하는 것 또한 영국 스타일입니다.

시간이 흘러 아이들이 성장하고, 장녀와 장남은 대학 기숙사에서 생활하기 시작해 방이 2개 빈 상태가 되고 말았습니다. 그리고 빈 방에는 고령의 아버지가 반쯤 동거하는 형태가 되었습니다. 그리고 부부는 빈 방을 부모에게 학대를 받아 보호가 필요한 아이들을 일시적으로 맡아주는 자원 봉사 활동에 사용하기 위한 준비를 시작했습니다. "아이들이 떠나니까 방이 남잖아요. 늙으신 아버님도 사람이 많은 쪽이 더 자극적일 거 아니에요? 저도 떠들썩한 쪽이 더 좋고요"라고 말했습니다.

부부, 차녀, 고령의 아버지, 일시적으로 맡은 아이들… 새로운 가족 형태의 시작입니다. 부인은 원래 교사 출신임을 살려 자택에서 화상 통화를 이용해 영어 교사 일을 하고 있습니다. 재택근무이기 때문에 집에 사람을 받아들이는 것이 어렵지 않은 모양입니다. 부인이 집을 활용하기 위해 사람들을 받아들이는 와중에, DIY 마니아인 남편은 부지런히 집을 개수합니다.

내년에는 차녀도 대학 기숙사에 들어갈 예정입니다. "우리가 건강할 때는 집을 운영할 수 있지만, 남편이 정년퇴직하면 가까운 테라스 하우스 같은 데로 이사할 생각이에요"라고 말하는 부인. 집에 애정을 쏟지만 결코 집착은 하지 않는다… 영국인다운 깔끔함과 생활을 즐기는 바이탈리티. 이런 주민들 덕분에 폐허였던 이 집은 매년 빛을 더해가고 있습니다.

집의 이름이
소설 제목으로

대부분의 영국 문학 작품의 제목이 주인공 이름이라는 것은 여러분도 잘 알고 계시지 않을까요. 윌리엄 셰익스피어(William Shakespeare, 1564~1616)의 『햄릿(Hamlet, 1600~01)』, 『오셀로(Othello, 1604)』, 『리어 왕(King Lear, 1605)』, 『맥베스(Macbeth, 1606)』, 샬롯 브론테(Charlotte Bronte, 1816~1855)의 『제인 에어(Jane Eyre, 1847)』, 제인 오스틴(Jane Austen, 1775~1817)의 『에마(Emma, 1814~15)』 등… 그 수는 다 헤아릴 수 없을 정도입니다.

하지만 그와 마찬가지로 집의 이름을 제목으로 삼은 작품이 많다는 것도 영국 문학의 특징입니다. 집의 이름은 아직 주소라는 개념이 존재하지 않았던 시대에 그 집의 특징을 표현해 붙인 것이 시초였다고 합니다. 그 집이 세워진 장소의 특징과 역사를 보고 이름을 붙였습니다.

1765년에 번지 제도가 도입된 이후

⚜ 16세기에 지어진 이 집의 이름은 'CLUMBER COTTAGE.' 스패니얼 종 사냥개의 집이라는 뜻인 모양입니다. 원래 이 집은 사냥개를 관리하는 역할을 담당했습니다. 헨리8세(1491~1547)가 이 땅에서 사냥할 때도 이 집의 사냥개가 활약했다고 합니다.

🏠 이 집의 이름은 'STONES THROW.' 돌을 던진다는 뜻의 이름입니다. 이 집에서 교회나 술집이 돌을 던지면 닿는 범위 안에 있다는 의미로 붙여진 이름입니다. 좋은 입지를 자랑하는 집의 대명사가 되었습니다.

로 집의 이름은 필수가 아니게 되었습니다만, 지금도 집에 이름을 지어 문패 대신 걸어두는 집을 자주 볼 수 있습니다.

영국에서 소설이 많이 배출된 18세기는 중산 계급 사람들이 활약하던 시대입니다. 그들은 그때까지 상류 계급 사람들의 상징이었던 쾌적한 '주거'를 실력으로 손에 넣었습니다. 그리고 집에 이름을 붙여, 자신의 성공적인 인생을 투영했던 것입니다.

제인 오스틴의 『맨스필드 파크(MANSFIELD PARK, 1814)』, 『노생거 애비(Northanger abbey, 1817)』, 앤 브론테(Ann Bronte, 1820~1849)의 『와일드펠 홀의 소유주(The Tenant of Wildfell Hall, 1848)』, E.M. 포스터(E.M. Forster, 1879~1970)의 『하워즈 엔드(Howards end, 1910)』, 에블린 워(Evelyn Waugh, 1903~1966)의 『브라이즈헤드 재방문(Brideshead Revisited, 1945)』 등, 집 이름이 붙은 소설에는 주인공들의 집에 대한 고집, 집착, 추억… 다양한 내용이 묘사되어 있습니다.

B&B로서의 집 활용

베드 앤드 브렉퍼스트(Bed and Breakfast), 통칭 B&B는 호텔 등의 숙박시설과는 다르게, 일반 가정이 자신의 집을 개방해 하룻밤+조식 구성으로 방을 빌려주는 시스템을 말합니다.

영국인은 집을 놀리는 것을 좋아하지 않으며, 자식들이 독립해 방이 비거나 하면 더 작은 집으로 이사하거나, 아니면 숙소나 임대 등으로 집의 일부 방을 타인에게 제공하는 것을 고려하기 시작합니다. 특히 사람을 초대하는 것을 좋아하고 실내 인테리어를 신경 쓰던 가정은 원래부터 사람들을 받아들이는 데 익숙하며, 남과 접하는 것을 기쁘게 생각하는 사람들이 많기에 제2의 인생으로서 B&B를 선택하는 경우도 많습니다.

영국 어느 지방을 가도 'B&B'라 적힌 간판을 볼 수 있습니다. TV 방송에서도 B&B를 평가하는 전문 방송이 있습니다. 그중에서도 경영자끼리 서로의 서비스를 체험하며 평가하는 방송은 인기가 무척 좋습니다. B&B의 질은 매우 다양하며 복불복이지만, B&B 이용은 영국의 주택을 엿보기 위한 첫걸음으로서 아주 손쉬운 방법이 아닐까요.

B&B 경영 『다운튼 애비 시즌 VI』

영국의 TV 드라마 『다운튼 애비(Downton Abbey) 시즌 VI(2015)』에서는 다운튼 애비의 요리사 팻모어가 B&B 경영을 시작하는 에피소드가 묘사됩니다. 제1차 세계대전 후, 경제가 어려워진 영국에서는 저택에서 일하는 노동자들이 미래의 불안을 해소하기 위해 적극적으로 경제 활동을 시작합니다. 팻모어는 숙모에게 물려받은 유산으로 요크셔 북쪽에 있는 하우튼 르 스커네(haughton le skerne)의 집을 구입, 조카와 함께 B&B를 개업합니다. 대망의 B&B 첫 손님은 의사 부부였습니다. 하지만 이 손님 때문에, 며칠 후 팻모어를 만나기 위해 경찰이 다운튼 애비에 찾아옵니다. 놀랍게도 그 손님은 불륜 커플이었던 것입니다. 여성의 남편이 부인의 불륜 상대인 남성을 고소했기 때문에 사건이 공개되고 팻모어도 증인으로서 재판소에 출정해야 할지도 모르는 상황이 되어버립니다. 연이은 보도로 소동은 점점 커지고, 그녀의 B&B는 '부정한 여관'으로 알려지게 되고 맙니다. 이제 막 오픈했던 B&B에는 예약 캔슬 요청이 줄을 이었고, 팻모어는 궁지에 몰립니다. 본업과 미래를 위한 부업, 팻모어의 노력을 인정한 고용주 백작가 사람들은 팻모어를 돕기 위해 발벗고 나서지만… 과연 구제는 성공할 수 있을까요.

『다운튼 애비』의 등장인물, 요리사 팻모어. B&B에서 나온 그녀는 파파라치의 표적이 되었습니다.
『다운튼 애비』 전 6시즌 블루레이&DVD 발매 중
발매 · 판매처 : NBC 유니버설 엔터테인먼트
©2010~2015 Carnival Film & Television Limited.
All Rights Reserved.
https://www.itv.com/downtonabbey

런던의 빅토리아 역에서 전철을 타고 약 20분 정도 달려 스트라스엄 힐에서 하차. 역에서 도보로 5분밖에 걸리지 않는 편리한 위치에 있는 윙클(Winkle)가. 빅토리아 왕조 시대의 벽돌로 만들어진 멋진 세미 디태치드 하우스들이 늘어선 길가에 있는, 흰색 페인트로 칠해진 이 집은 1885년에 건축되었다고 합니다.

사실 이 윙클가는 일본 잡지에도 B&B로 몇 번 소개된 적이 있습니다. B&B만이 아니라, 멋진 백 가든을 보며 즐길 수 있는 애프터눈 티 메뉴도 제공합니다.

1층과 가든은 공용 부분으로서 숙박 중에는 자유로이 오갈 수 있습니다. 2층은 부부의

※ B&B에서는 가끔 집 열쇠를 받기도 합니다. 호텔과 다르게 거주공간인 B&B는 집 주인이 된 것 같은 기분을 느낄 수 있습니다.

🏠 영국답게 방에는 언제든지 홍차를 마실 수 있도록 티 세트가 준비되어 있습니다.

프라이빗 스페이스, 3층의 방 2개에 손님용 방이 준비되어 있습니다. 이 방은 원래 아이들의 방이었지만, 독립해서 빈 방이 되었기에 손님들에게 제공하는 것입니다.

부부는 33년 전에 이 집을 구입했습니다. 집 사이즈, 마당 크기, 편리성 모두가 마음에 들어 구입에 이른 모양입니다. 현재는 마당이 무척 훌륭하지만, 구입했을 때는 아무것도 없는 상태였습니다.

33년 동안 손질한 마당은 4개의 코너로 나뉘어 있습니다. 그중에는 일본을 테마로 한 코너도 있습니다. 부엌에서 온실(Conservatory, 유리로 둘러싼 선 룸)을 통해 마당으로 나갈 수 있는 작업용 동선과, 식당에서 가든 테라스로 나갈 수 있는 손님용 동선… 사람들을 초대하는 것을 전제로 해 만들어진 이런 구조가 머물기 편한 공간을 만들어냈습니다.

방갈로

영국에서는 단층집을 '방갈로(bungalow)'라 부릅니다. 일반적으로 이 방갈로에 사는 것은 노인들이라는 인식이 있습니다.

마을을 차로 달리다 보면 때때로 단층집이 늘어서 있는 구역이 있고, 그곳에는 주로 노인들이 살고 있습니다.

고령이 된 영국인은 무리하게 큰 집을 유지하려 하지 않고, 집을 팔고 방갈로나 작은 테라스 하우스, 플랫으로 이사합니다. 커다란 집은 메인터넌스가 중노동이며, 마당도 구석구석 손질하기 힘들어지기 때문입니다.

영국에서는 나이 들었을 때 자식들에게 신세를 지려는 사람은 적으며, 우선 단층의 작은 집으로 이사해 최대한 자력으로 생활하는 것이 일반적인 사고방식입니다. 자식이 있는 사람들 중에서는 자식들의 집 근처에 살면서 도움을 받을 수 있는 환경에 머무는 경우도 있지만, 기본적으로 동거는 하지 않습니다. 나이가 많아도

⚘ 단층집이 늘어선 거리. 여기는 고령자용 주택 '방갈로'입니다.

⚘ 파크 홈은 단층의 간소한 프리패브 주택입니다.

일부러 익숙한 집을 선택하고, 단층인 방갈로를 선택하지 않는 사람도 있습니다. 이런 경우에는 계단 승강기를 부착하거나 해서 대응합니다.

저렴한 방갈로로 인기가 있는 것이 '파크 홈(Park home)'이라 불리는 단층집입니다. 프리패브(Prefab, 조립식 주택)인 상자 형태 방을 그냥 놓기만 한 집으로, 밑에는 놀랍게도 타이어가 달려 있지만 설치할 때 사용할 뿐이라 집이 이동할 수 있는 것은 아닙니다. 타이어를 블록으로 숨기고, 기초를 다지고 한 채의 집으로 보이도록 완성합니다. 똑같은 집들이 트레일러 파크처럼 늘어서 있는 것이 특징입니다.

주변에 도움을 받을 가족 등이 없는 사람은 민간의 유료 간호 주택을 이용하거나, 지방 자치 단체나 주택 협회가 관리하는 고령자를 위한 주택인 '셸터드 하우징(Sheltered Housing)'에 살기도 합니다. 셸터드 하우징이란 60세 이상이며 아직 간호 없이 자립할 수 있는 사람이 들어가는 고령자용 플랫 주택을 말합니다.

셸터드 하우징은 다양한 타입이 있지만, 부지 전체의 식물과 안전면의 관리를 맡는 관리인이 있다는 점, 그리고 24시간 통보 시스템이 있다는 점 외에는 일반 주택과 별로 다르지 않은 경우가 많은 것 같습니다. 마찬가지 처지인 사람들이 주변에 살기 때문에, 커뮤니티를 형성하기 쉽다는 점도 안심하게 되는 요소입니다.

연령이나 가족 형태에 따라 다양한 집에서 살아온 영국인. 마지막 집의 선택 또한 다양합니다.

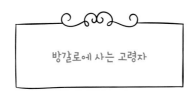

방갈로에 사는 고령자

영국에서

실제로 방갈로에 살며 노후를 보내는 독신 여성을 소개합니다.

원래 이 여성은 테라스 하우스에서 남편과 둘이 살았습니다. 60세쯤 남편이 먼저 떠났고, 부부에겐 자식도 없었기 때문에 쓸쓸함과 동시에 장래에 대한 불안을 느낀 모양입니다.

그러던 와중에, 우연히 신문에 끼워져 있던 민간 노인 간호 시설이 부지 내에 병설된 방갈로 타입 주택지 선전 광고를 보게 됩니다. 부지 내 중앙에는 공동으로 쓸 수 있는 식당과 재활 시설 등이 있으며, 그 주변에

❦ 입욕 시간을 무척 좋아하는 그녀가 이 욕실에서 힐링하는 모습을 상상할 수 있습니다.

독립된 방갈로 주택이 잔뜩 세워져 있습니다. 각 방갈로에는 긴급용 버저(buzzer)도 완비되어 있으며, 시설 직원이 24시간 체제로 대응하고 건강에 관한 상담도 해줍니다.

그리고 혼자 사는 게 힘들어진 경우에는 중앙에 지어져 있는 간호 시설에 우선적으로 들어갈 수 있는 시스템이 정비되어 있습니다. 그녀는 당시 63세였지만, 그 방갈로를 마지막 거처로 결정하고 구입했습니다. 현재 83세가 된 그녀는 반려견과 함께 방갈로에서 평온하게 생활 중입니다.

그녀가 구입한 방갈로 주변에는 같은 타입의 방갈로가 152동 모여 있기에 근처에서 친구도 만들기 쉽고, 시설에서 주최하는 이벤트도 많아서 따분할 일이 없다고 합니다.

이 집은 고령자들을 위해 지어진 방갈로지만, 집 안은 거주자의 편안함을 우선시한 공간으로 만들어져 있습니다. 아름다운 난로, 빛이 잘 들고 장식하기 편한 돌출된 창문, 작은 마당이 있어 정원도 가꿀 수 있습니다. 놀라운 것은 욕실로, 욕실 바닥에 융단이 깔려 있고 귀여운 소파가 놓여 있었습니다. 욕실 벽에는 그녀가 좋아하는 그림이 걸려 있었고, 실내에는 아름다운 꽃병에 마당에 핀 꽃도 장식되어 있었습니다.

일본에서는 고령자용 주택에 안전 우선에 의해 과도한 제한이 있는 경우가 대부분입니다. 물론 안전도 중요하지만, 고령자용 주택이라 해도 방을 자기표현의 장으로 삼는 감각을 잊지 않는 영국인의 미덕에는 솔직히 감동했습니다.

초가지붕 집

영국 지방 전토에서 볼 수 있는 너무나도 귀여운 집인 '초가지붕 집.' 영국에서는 이런 집을 '새치 하우스(thatch house)'라 부릅니다. 초가지붕은 슬레이트 기와와 평기와의 출현으로 그 지위를 물려주고 말았지만, 이 사랑스러운 집을 각별히 사랑하는 사람도 많아 1985년 시점의 조사에서는 잉글랜드 전토에서만 약 5만 건이 존재한다는 사실이 밝혀졌습니다. 그렇기에 초가지붕 집은 지금도 각지에서 볼 수 있습니다.

⚜ 집의 모양에 맞춰 다양하게 커팅한 초가지붕 집을 볼 수 있습니다. 마치 동화 속에서 튀어나온 듯한 사랑스러운 모습입니다.

장인에 따라 지붕 꼭대기 부근의 모양이 다른 것도 재밌는 부분
으로, 꼭대기 디자인을 보면 어떤 장인이 만들었는지 알 수 있다
고 합니다. 초가지붕 집
은 매우 귀엽지만, 관리
가 상당히 어렵습니다.
그렇기에 집주인은 애정
과 긍지를 지니고 이 집
을 유지하고 있습니다.

　초가지붕 집의 꼭대기에 설치된 새 가족 짚인
　형. 다양한 동물들을 본 뜬 것을 볼 수 있습니다.

지붕 꼭대기에는 '개암
나무'의 작은 가지를 이
용해 동물 등의 장식을
만드는 경우가 있습니
다. 새나 원숭이, 올빼미
등 동물을 짚인형으로 만
들어 두는 것입니다. 현
재는 집을 메인터넌스하
는 장인이 장난삼아 제작
하지만, 옛날에는 장인에
게 대금을 '지급하지 않
았음'을 나타내는 마크였
다고 합니다.

　돌출창도 초가지붕으로 만들어져 있습니다.

영국의 집을 모티브로 한 티팟

§ 초가지붕 집을 본 뜬 에인즈레이 사의 티팟.

사랑스러운 초가지붕 집을 테마로 한 티팟이 1775년에 창업한 영국의 도자기 브랜드 '에인즈레이' 사에서 발매되었습니다. 이름 하여 '영국의 집 시리즈.' 콘월(Cornwall)에 실제로 세워져 있는 초가지붕 집을 모델로 삼아 만들어진 티팟은 보기만 해도 가슴이 두근거립니다. 이 회사에서는 이외에도 북 잉글랜드의 맨체스터(Manchester)를 이미지로 한 하프팀버링(half-timbering) 집이나 호수 지방의 슬레이트와 회반죽 벽 집, 코츠월즈(Cotswolds)의 허니 스톤 집 등 영국의 집을 모티브로 삼은 티팟이 6개의 디자인으로 판매되었다고 합니다.

이 티팟의 탄생 비화가 무척 재미있으니 여러분께도 소개합니다. 일본의 에인즈레이 대리점 사장이 중국에서 개최된 전시회에서 '러시아의 집 시리즈'라 이름 붙인 티팟을 보고, 이걸 영국 버전으로 만들 순 없을까… 하는 생각으로 영국 사원과 상담했는데, 집에 대한 고집이 있는 사원들이 '이 지방의 이 집은 못 빼', '이 지역의 집이라면 지붕이 이래야지' 등 계속해서 뜨거운 마음을 전해왔고, 최종적으로는 집 견학 드라이브까지

⚑ 튜더 양식의 집. 지붕 부분이 초가지붕으로 되어 있습니다.

끌려갔다… 고 합니다. 일 때문에 지금까지 수십 번 영국을 방문했던 일본의 에인즈레이 대리점 사장이 말하길, 이 티팟 만들기를 통해 지금까지는 대충… 봐왔던 영국의 집이 지역에 따라 어떻게 다른지 알게 되었다고 합니다.

영국의 집 이야기를 하면서, 그리운 여행 추억을 이야기하면서, 언젠가 찾아가보고 싶은 지역의 집을 떠올리면서, 이런 사랑스러운 티팟으로 홍차를 즐길 수 있다면 늘 마시던 홍차가 더욱 맛있어질 것 같습니다.

뮤즈 하우스

뮤즈 하우스(muse house)의 역사는 17세기에 시작되었고, 19세기에 절정에 달했습니다. 뮤즈 하우스란 마구간을 말하는 것으로, 1층이 말과 마차용이고 2층에 마부나 하인 등이 묵는 숙박 시설이 있었습니다. 2층의 한 방에는 말의 식량인 건초가 보관되어 있었습니다.

귀족이나 유복한 가정의 메인 교통수단이 마차였던 시대, 도심의 호화로운 테라스 하우스 뒤쪽에는 뮤즈 하우스가 다수 건설되었습니다.

☆ 뮤즈 하우스에는 1층 부분에 옛날 마차가 출입했던 넓은 차고가 있는 것이 특징입니다.

뮤즈 하우스의 외관은 연속된 주택 모양입니다. 테라스 하우스와의 큰 차이점은, 뮤즈 하우스에는 현관문 이외에 차고처럼 커다랗게 열리는 부분이 있다는 점입니다. 당시에는 마차가 그 부분을 통해 출입했습니다.

고용주가 머무는 저택과 뮤즈 하우스 사이에 있는 마당 아래에는 터널이 있었으며, 저택의 지하실과 연결되어 있었습니다. 하인들은 밖으로 나갈 일 없이 저택과 뮤즈 하우스 사이를 왕래할 수 있었습니다.

또, 뮤즈 하우스는 마당과 접해 있는 뒤쪽 면에 창문이 없는 것

☞ 당시의 모습이 남아 있는 뮤즈 하우스.

이 특징으로, 하인들이 주인들의 모습을 훔쳐볼 수 없도록 만들어져 있었습니다.

뮤즈 하우스와 접해 있는 도로는 돌 바닥길로 되어 있는 경향이 있습니다. 당시에는 지금처럼 아스팔트 도로가 아니라 흙길이었습니다. 돌 바닥길로 만들어져 진흙을 털어내는 효과와, 말발굽 소리를 더 잘 들을 수 있는 효과가 있었다고 합니다.

20세기에 들어서면서 교통수단이 말에서 자동차로 바뀌고, 용도와 역할을 마친 뮤즈 하우스는 주택 사양으로 개장되기 시작합니다. 마구간으로 사용되던 공간은 차고나 창고, 방의 일부로 이

☙ 도심의 뮤즈 하우스. 주인들이 사는 커다란 테라스 하우스 뒤쪽에 마구간이 있었음을 알 수 있습니다.

🏠 스테이블 도어. 상부와 하부를 따로 따로 열 수 있습니다.

용되고 있습니다.

뮤즈 하우스다운 장치로 현재도 인기가 있는 것이 '스테이블 도어(stable door)' 라는 문입니다. 원래는 마구간에서 말이 머리만 내놓을 수 있도록 문 한가운데에서 위아래로 나누어 열 수 있게 가공된 스테이블 도어는, 일반 집에서는 현관문과 부엌문 등으로 사용되고 있습니다.

방충망을 치는 관습이 없는 영국의 주택에서는 환기할 때 어린 아이들이나 반려동물이 집밖으로 나가지 않도록, 위쪽만 개방할 수 있는 스테이블 도어는 무척 인기가 있습니다. 현관에서는 위쪽 문만 열고도 짐을 주고받을 수 있기 때문에, 방범 쪽으로도 좋은 평가를 받고 있습니다.

뮤즈 하우스는 도심의 좋은 위치에 존재하기 때문에, 각각의 집주인이 다양한 색으로 외벽을 칠해 집의 개성을 드러내고 있습니다. 그야말로 영국다운 마구간 집. 여행을 가시면 부디 한 번 찾아봐 주시기 바랍니다.

 ❀ 내로우 보트는 옛날에는 석탄을 옮기는 화물선이었기 때문에, 지금도 공장터 부근에 보트 정박 포인트가 많이 남아 있습니다.

보트에서 생활

영국에는 커널(Canal, 운하)이 펼쳐져 있는데, 거기에서 아주 다양한 가늘고 긴 보트의 존재를 확인할 수 있습니다.

사실 영국에는 지상에 세운 '집' 말고 다른 곳의 '생활'이 있습니다. 그게 바로 보트에서 산다는 선택지입니다. 커널은 길처럼 영국 전체에 걸쳐 펼쳐져 있습니다. 즉, 보트에 살면 자유로이 원하는 장소로 이동할 수 있는, 이동식 '집'을 갖게 된다는 것입니다.

⚓ 운하 옆에는 '투패스'라 불리는 말이 걷는 길이 있었습니다. 현재도 산책로로 인기가 있습니다.

⚓ 내로우 보트 여행은 봄, 여름이 인기. 반대로 가을, 겨울에는 대부분의 내로우 보트가 마리나에 정박해 있습니다.

보트에서 사는 사람들은 일반적으로 마리나(Marina)에 정박용 공간을 빌리고, 그곳에서 전기 충전과 물 보급 등 정비를 합니다. 보트는 보행 속도 정도밖에 내지 못하기 때문에, 이동용이라기보다는 느긋하게 경치가 바뀌는 것을 지켜보는 슬로우 라이프를 즐기는 느낌입니다. 업무용으로 사용하는 운하가 아니기 때문에, 스피드로 추격하거나 추월하는 살벌한 개념이 없어 커낼 주행은 정말로 느긋합니다.

통행 허가증은 필요하지만 면허는 필요 없는 것도 보트의 특징입니다. 보트를 빌릴 수도 있으며, 휴가 때 레저용으로 사용하는 사람도 많고 관광객이 빌릴 수 있는 시스템도 있습니다.

알면 알수록 재미있는 문화입니다. 그중에서도 2미터 폭의 보트만 통행할 수 있는 커낼을 달리는 영국 특유의 내로우 보트는 무척 인기가 좋습니다.

내로우 보트

　내로우 보트(Narrow Boat)는 산업 혁명이 시작된 1760년경 화물선 역할로 등장했습니다. 이 시대에 영국에서는 수로가 발달했고, 1790년에는 잉글랜드의 4대 하천이 커낼로 연결되어 수로가 도로처럼 퍼져나가기 시작했습니다. 내로우 보트는 도심의 공장에 석탄 등을 운반하는 수단으로 건조된 배였습니다. 엔진이 탑재되기 전까지는 말이 배를 끌었기 때문에, 수로 옆에는 반드시 작은 길이 있습니다.

　당시 내로우 보트로 물자를 운반하는 사람은 보트 안에서 살았으며, 가족 네 명이 보트 앞부분의 2평도 안되는 좁은 공간에서 사는 굉장히 가혹한 환경이었습니다. 내로우 보트에서 사는 사람은 저소득자 층이 많았으며, 아이들을 학교에 보낼 수 없는 가정도 많았다고 합니다. 전성기에는 4만 명 정도가 살았습니다.

　이윽고 보트는 역할을 마치고 버려졌으며, 쓰이지 않게 된 커낼도 부패해버렸습니다. 하지만 1970년경부터 부흥하기 시작했고, 보트는 주거 공간으로 용도가 바뀌면서 새로운 '주거'로 주목을 모았습니다.

♠ 내로우 보트의 주거 공간은 무척 좁습니다. 난로가 있는 아주 작은 다이닝키친. 그리고 1평 정도의 침실 공간. 여기에 가족 4명이 살았다고 하니 놀라울 따름입니다.(The Illustrated London News/1874년 10월 10일)

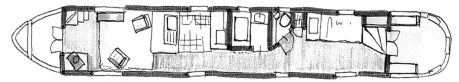

✤ <내로우 보트 내부> 침실, 화장실, 욕실, 다이닝키친 등 필요한 것들이 구비되어 있습니다.

✤ <와이드빈 보트의 내부> 거실 겸 다이닝키친, 부부용 침실, 아이 방, 욕실 등 넓은 공간이 매력. 앞뒤에는 외부 테라스도 설치되어 있습니다. 실내는 세세하게 만들어져 있어 지상의 집과 다를 바 없는 쾌적한 생활을 실현할 수 있습니다.

내로우 보트에 살기

영국의 운하의 최소폭은 2m 이내이기 때문에, 내로우 보트만 지나갈 수 있습니다.

어떤 운하도 자유로이 왕래할 수 있는 소형 보트를 내로우 보트 또는 커널 보트라 부릅니다.

내로우 보트에 사는 65세 남성의 생활을 들여다보았습니다. 그

✤ 운하에는 고저차가 있습니다. 그렇기 때문에 '록'이라는 수위를 조정하는 갑문(閘門) 시스템이 설치되어 있습니다. 내로우 보트 여행 시에는 이 록을 스스로 개폐하며 나아갑니다. 록이 연속으로 설치된 운하는 처음 가는 사람에겐 좀 힘들지만, 그것 또한 여행의 즐거움입니다.

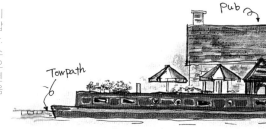

는 프리랜서 설비 기술자로, 현재 내로우 보트에서 혼자 살고 있습니다. 술을 무척 좋아하는 그는 내로우 보트의 생활을 선택한 이유를 "운하를 따라가면 좋은 술집이 잔뜩 있지. 배는 음주 운전에 걸리지도 않고, 마시고 그대로 잘 수 있어서 아주 최고야"라고 말했습니다. 내로우 보트가 화물선 역할을 담당하던 시대, 긴 여행의 피로를 씻어내기 위해 운하를 따라 수많은 술집이 세워졌습니다. 이때의 영향이 남아 현재에도 운하 주변에 술집이 다수 존재하는 것입니다. 자영업자이자 자유를 사랑하는 그는 운하에서 보트 생활을 만끽하는 것 같았습니다.

와이드빈 보트에서 살기

내로우 보트의 두 배 정도 되는 폭을 지닌 커다란 와이드빈 보트도 인기입니다. 단 주행할 수 있는 곳은 한정됩니다. 그런 와이드빈 보트에서 사는 40대 부부와 13세 아들, 강아지의 생활을 소개하겠습니다. 이 가족은 이전에는 우스터 주의 디태치드 하우스에 살았는데, 장기 휴가를 이용해 자신들이 소유한 내로우 보트를 타

⚓ 코츠월즈 지역의 신흥 주택지. 허니스톤이라 불리는 벌꿀색 돌을 사용한 집이 늘어서 있어 거리의 아름다움이 유지되고 있습니다.

고 자주 여행을 다녔습니다. 1년 전에 이 배를 발견하고 동경하던 보트 생활을 시작하기로 결심했습니다. 보통 때는 마리나에 배를 정박시켜두며, 아들은 거기서 학교에 갑니다. 남편의 일은 임대업으로, 소유한 부동산 몇 개에서 나오는 수입으로 생계를 유지하는 모양입니다.

선내에는 6평 정도의 LDK(Living, Dining, Kitchen)와 부부의 침실, 아들의 방, 욕실이 있으며, 집으로서 충분한 설비가 준비되어 있어 놀라게 됩니다. 거실에는 난로도 있으며, 중앙난방도 완비되어 놀라울 정도로 쾌적합니다.

여행을 좋아하는 남편은 "짐을 싸지 않고 집 통째로 여행할 수 있다니 최고야"라고 했으며, 창밖으로 보이는 경치가 항상 바뀌는 것이 매력이라면서 자신들의 삶을 '릴랙스 라이프, 오픈 라이프'라고 표현했습니다.

☗ 신축 물건의 건설 현장.

☗ 신축 물건은 기존의 집들과 위화감이 없도록, 외관의 디자인이나 건축 재료도 주위의 집과 동화시켜 짓습니다.

영국의 신축 주택

중고 주택이 주류인 영국이지만, 당연히 '신축' 물건도 존재합니다. 신축 물건은 기본적으로 분양 스타일로 판매되며, 주문 주택이라는 형식은 일반적이 아닙니다. 지은 지 100년 미만인 건물을 '신축'으로 취급하는 영국인 중에서는 신축 물건을 'BOX'라며 야유를 보내는 사람도 많습니다. 하지만 젊은 사람들을 중심으로 수리에 쫓겨 살아야 하는 중고 주택보다, 처음부터 고기밀 고단열 주택인 신축을 좋아하여 찾는 사람들도 있습니다.

신흥 주택지에는 구역별로 똑같은 빌더가 집을 짓기 때문에, 거리에 통일감이 생깁니다. 지은 지 얼마 되지 않은 물건은 아직 자연이 자라지 않았기에 토지에 녹아들지는 않았지만, 세월이 지나면 지역과 동화되어가겠지요.

『해리 포터』
신흥 주택지에 있는 더즐리 가

조앤 K. 롤링(Joan K. Rowling, 1965~)의 대표작『해리 포터(Harry Potter)』
시리즈에서 주인공인 해리 포터가 인간계에서 신세를 지고 있는 것은,
해리의 어머니의 언니가 시집 간 더즐리 가. 구멍을 뚫는 드릴 제조 회사
'그루닝스 사'의 사장인 이모부 버논 더즐리, 그리고 해리의 이모 페투니
아 더즐리, 그 아들이자 해리의 사촌 형제에 해당하는 두들리 더즐리, 그
리고 식객인 해리. 이렇게 4인 가족이 사는 더즐리 가는 잉글랜드의 서
리(Surrey) 주 리틀 위닝(Little Whinging) 프리뱃 가(Privet Drive) 4번지로 설
정되어 있습니다.

런던 교외에 2012년에 오픈한 '워너 브라더스 스튜디오 투어 메이킹
오브 해리 포터'는 영화 해리 포터가 실제로 촬영된 스튜디오 세트를 자
유로이 견학할 수 있는 인기 명소입니다. 이 스튜디오에는 더즐리 가의
주택 복제품도 전시되어 있습니다. 더즐리 가는 신흥 주택으로 지은 디
태치드 하우스라는 설정입니다. 물론 스튜디오에 전시된 집도 신축이며,
방 구조도 공개되어 있습니다. 4개의 침실은 이모부와 이모가 하나, 사촌
형제인 두들리가 하나, 친척이 놀러왔을 때 사용하는 손님용 방이 하나,
그리고 해리의 방… 이어야 하지만, 해리는 계단 아래의 창고에서 생활
하는 것으로 되어 있습니다. 해리의 방이 되었어야 할 방은 두들리이 장
난감으로 가득 차 있어서 그렇다던가. 해리가 이 집에서 얼마나 힘들게
살았는지를 상징하는 방 배정입니다.

2002년에 공개된 영화『해리 포터와 비밀의 방』에서는 더즐리 가의

식당 안쪽으로 온실의 존재도 확인되었습니다. 거기에는 의자와 TV가 설치되어 있어, 두 번째 거실의 역할을 담당하고 있음을 알 수 있습니다.

평소에는 계단 아래의 해리의 방만 전시 공개되지만, 『해리 포터와 마법사의 돌』의 영화화 15주년 기념인 2016년에는 10일간 한정으로 더즐리 가 주택 내부가 일반에게도 공개되었다고 합니다.

🦉 『해리 포터』에 등장하는 더즐리 가. 교외의 디태치드 하우스입니다. 이야기 설정상으로는 1977년에 신축 건물을 구입한 것으로 되어 있습니다.

제2장
지역에 따라
다른 거리

거리의 아름다움

라이프 스타일에 따라 주거 형태를 변화시키는 영국인은 다양한 지역으로 옮겨가며 사는 것도 인생 시야에 넣어둡니다. 젊을 때는 편리성이 좋은 대도시, 결혼 후에는 교외, 그리고 노후에는 전원 풍경이 펼쳐지는 시골 마을… 등, 지역을 넘나들며 이사를 되풀이하는 사람도 드물지 않습니다. 휴가로 찾아갔던 지역을 동경해 이주하는 가족도 있습니다.

집만이 아니라 집이 지어진 거리도 집의 가치로 중요시하는 영국인은, 이사를 검토할 때 지역성도 고려합니다.

영국의 거리는 지역성이 강하게 드러나도록 만들어져 있습니다. 우리가 전철이나 차를 타고 영국을 여행한다 해도, 지역을 이

※ 런던 시내의 풍경. 테라스 하우스 1층 부분은 점포로 되어 있는 경우도 많습니다.

⚓ 런던에는 빅토리아 왕조 시대부터 붉은 벽돌로 지은 테라스 하우스가 늘어났습니다.

동함에 따라 차창에서 보이는 풍경이 변화해가는 모습을 자연스럽게 느낄 수 있을 정도입니다. 이 장에서는 영국의 다양한 지역의 거리 특성, 그리고 그 거리를 형성하는 요인을 소개하도록 하겠습니다. 마음이 끌리는 거리가 있을까요.

런던 중심가

영국 수도 런던 거리를 형성하는 테라스 하우스는 복수의 주거지가 연속해 존재하는 집합 주택입니다. 테라스 하우스는 18~19세기에 걸쳐 런던 시내에 다수 건축되었습니다. 교외에 커다란 컨트리 하우스를 소지했던 귀족들이 사교 시즌에 런던으로 갈 때 도

⚑ 런던 시내의 테라스 하우스의 프라이빗 가든 입구에는 자물쇠가 걸려 있어 테라스 하우스의 주민만 들어갈 수 있습니다.

⚑ 런던 남동쪽의 점토로 만든 '스톡 브릭(Stock brick).' 노란색에 검은 반점이 들어가 있는 것이 특징입니다.

심의 작은 집에서 사는 것에 저항을 느꼈기 때문에, 하나의 커다란 건물로서 보기가 좋은 이런 테라스 하우스가 다수 건설된 것입니다.

수많은 테라스 하우스에는 지하실이 있었는데, 그곳에도 빛이 들게 하기 위해 드라이 에어리어라 불리는 공간이 있습니다. 즉, 건물과 도로 사이에는 움푹 팬 드라이 에어리어가 있고, 현관으로 갈 때는 다리를 건너 들어가는 것입니다. 그렇기에 건물 앞은 강철로 만든 울타리로 막혀 있습니다. 그 공간의 요철이 거리에 깊이를 느끼게 하며, 둘러싸고 있는 검은 강철 펜스로 인해 현관에 중후한 느낌이 연출됩니다.

또, 커다란 테라스 하우스에는 반드시라고 해도 좋을 정도로, 건너편에 정원이 배치되어 있었습니다. 현재 그런 공간들은 공원으로 일반에 공개되기도 하지만, 테라스 하우스 주민들의 프라이빗 가든으로 사용되는 경우도 많습니다.

☖ 노란색 벽돌은 런던 부근의 특징적인 건축 재료입니다. 런던다운 거리로 채색해 나갑니다.

넓은 정원에는 커다란 나무나 꽃 등이 심어져 있으며, 테니스 코트가 있는 곳도 있습니다. 이러한 프라이빗 가든은 밀집된 건물의 압박감을 줄이고, 사는 사람만이 아니라 통행인들에게도 기분 좋은 거리를 만드는 데 공헌합니다.

영국에서는 낡은 벽돌을 '스톡 브릭(Stock Brick)'이라 부릅니다. 런던의 스톡 브릭은 노란색 벽돌을 가리키며, 그 지역의 점토로 만들어져 있습니다. 빅토리아 왕조 시대에는 리바이벌 건축이 유행했기 때문에, 붉은 벽돌도 다수 사용되었습니다. 가끔 보이는 검게 그을린 듯한 벽돌은 런던이 석탄에 의해 스모그로 대기 오염이 심각했던 시대의 잔재입니다.

건물의 벽돌색과 자연의 녹색, 그리고 붉은 런던 버스 등이 포인트를 주어, 런던의 거리는 다른 곳에서는 볼 수 없는 특별한 분위기를 만들어냅니다.

☝ 영국에서 가장 아름다운 거리라 불리는 남동부 해안가 라이(Rye) 거리.

잉글랜드 남부 · 남동부의 거리

잉글랜드 남부 · 남동부 지방은 대학 도시 옥스퍼드(Oxford)나 대성당 마을 캔터베리(Canterbury), 도버(Dover) 절벽, 여름 휴양지로 유명한 브라이턴(Brighton) 등, 다양한 마을이 존재합니다.

이 지방은 영국의 현관이기도 하며, 국내나 유럽, 그 외의 세계 각지로 나이가기 쉬운 장소로도 알려져 있습니다. 개트윅(Gatwick) 공항, 히스로 공항, 도버 항, 포크스턴(Folkestone) 항, 포츠머스(Portsmouth) 항, 사우샘프턴(Southampton) 항, 그리고 유럽 대륙과 연결된 해협 터널도 있습니다. 런던에서도 접근하기 편하기 때문

⚜ 작은 돌을 반으로 쪼개 끼워 넣은 '프린트'라 불리는 사양의 담.

에, 당일치기 여행도 가능한 지역입니다.

　해안을 따라 지어진 주택에서는 해안에서 얻을 수 있는 작은 돌을 사용한 장식을 자주 볼 수 있습니다. 작은 돌은 외벽이나 창가 등에 쓰여 독특한 경관을 만들어냅니다. 또, 이 지역에서는 벽이나 지붕에도 벽돌을 사용한 집을 많이 볼 수 있습니다. 석탄암도 있기 때문에, 회반죽으로 만든 집도 자주 보입니다.

　잉글랜드 남부·남동부에는 키 큰 나무가 적으며, 붉은 벽돌 지붕과 하얀 벽으로 이루어진 거리는 멀리서 보면 무척이나 밝고, 바다와 하늘과의 색조 대비가 아름답게 느껴집니다.

✿ 남부의 특징인 합판과 평기와로 만든 벽이 쓰인 집.

✿ 남동부에서는 벽재에도 지붕처럼 점토로 만든 비늘 모양의 기와가 쓰입니다.

✿ 이 지역에서는 해안에 굴러다니는 돌도 건축 재료로 이용됩니다.

잉글랜드 남서부의 거리

　잉글랜드 남서부는 9개의 지역으로 형성되어 있습니다. 주요 도시는 브리스틀(Bristol)과 바스(Bath), 그 외에도 도싯(Dorset), 데번(Devon), 콘월(Cornwall)처럼 평화롭고 경치가 아름다워 관광객들에

⚓ 남서의 해안에 있는 빅토리아 왕조 시대의 집.

✿ 다양한 사이즈로 가공된 돌이 퍼즐처럼 쌓여 있습니다.

게도 인기가 좋은 지역이 소속되어 있습니다.

남서부의 집에는 '코브(Cob)'라는 기법을 채용한 흙벽 집들이 다수 존재합니다. 점토, 짚, 작은 돌, 석회석 초크를 섞어 몇 겹으로 겹쳐 칠하는 과정을 반복해 흙벽에 따스함이 있는 분위기를 만들어냅니다.

그리고 콘월은 화강암이 나는 곳이기 때문에, 화강암을 사용한 집을 많이 볼 수 있는 것으로 알려져 있습니다. 중량감과 중후감이 느껴지는 거리지만, 넓은 바다와 조화를 이루어 맑은 인상을 줍니다.

✿ (위)창가나 문, 문 주변에 커다란 화강암이 아낌없이 쓰인 것이 이 지역에서만 볼 수 있
  는 특징입니다.
✿ (왼쪽 아래)크게 자른 돌을 사용해 중후감이 느껴지는 거리.
✿ (오른쪽 아래)코브로 만든 집. 농가 등에서도 자주 볼 수 있습니다.

코츠월즈의 거리

　남서 잉글랜드에 위치한 '코츠월즈(Cotswolds)'는 영국 관광지로 인기 높은 지역입니다. 코츠월즈 언덕 주변에는 수많은 작은 마을들이 흩어져 있으며, 그곳에는 벌꿀색 '허니 스톤'이라 불리는 석회석을 사용한 무척이나 귀여운 주택들이 늘어서 있습니다. 이러한 사랑스러운 거리가 바로 코츠월즈의 인기 비결입니다.

✿ 식물을 계획적으로 키워 자연 장식으로 삼는 귀여운 집을 다수 볼 수 있습니다.

✿ (위)코츠월즈의 허니 스톤. 외벽이나 지붕에도 쓰입니다. 세월이 흐르면 약간 검은색으로 변하기도 합니다.

✿ (아래)양털 산업이 왕성한 코츠월즈는 주민들보다도 양 숫자가 많은 것으로도 유명합니다.

🏠 코츠월즈의 북부에서는 초가지붕 집도 많이 볼 수 있습니다.

코츠월즈는 모던 디자인의 선구자 윌리엄 모리스(William Morris, 1834~1896)가 사랑한 지역이기도 합니다. 그는 '마당은 집과 주변 지역을 연결하기 위해 건물이 두르는 것이며, 집의 일부로 존재해야 한다'고 말했습니다. '집'이라는 사람이 만든 인공물이 마당을 매개로 삼아 주변의 자연과 동조해간다…. 풀과 꽃을 두른 벌꿀색 집들은 확실히 자연과 조화를 이루며, 마치 동화의 삽화처럼 아름다운 경치를 만들어냅니다.

오랜 세월이 흐른 집에는 여기저기에 이끼가 피어나고, 신축 물

🏠 코츠월즈에는 지은 지 500년 이상 지난 17세기의 집이 다수 남아 있습니다.

건은 지닐 수 없는 맛이 느껴집니다. 코츠월즈를 방문하면 100년 이상 전에 윌리엄 모리스가 남겼던 말이 지금도 선명하게 되살아나는 것입니다.

하지만 이런 아름다운 코츠월즈도 최근에는 과소화(過疎化)가 진행되어 젊은이들이 떠나는 것이 문제가 되고 있다고 합니다. 60가구 정도의 작은 마을인 반즐리(Barnsley)에서 들은 이야기에 따르면, 가스와 인터넷 환경이 없기 때문에 주민 중에 젊은이가 없다고 합니다.

전통적인 시골 생활과 현대 사회의 편리성, 영국에서도 마찬가지 문제가 발생한 모양입니다. 그래도 노후에 정착할 땅으로 아름다운 코츠월즈의 생활을 바라는 사람들은 아직 많아서, 비교적 큰 마을의 물건은 인기가 높아 가격이 자꾸 오르고 있습니다. 영국의 찰스 황태자(1948~)도 코츠월즈의 텟버리(Tetbury)에 사저를 가지고 있는 걸로 알려져 있습니다.

※ 요크셔의 홀름 계곡에 펼쳐진 석제 집.

잉글랜드 북부의 거리

북잉글랜드에는 맨체스터나 요크 등 공업 도시가 곳곳에 존재합니다. 북잉글랜드는 누구보다 앞장서 기계화를 추진했고, 대규모 공업화를 향해 움직였던 산업혁명의 중심지였습니다. 빅토리아 왕조 시대, 대규모화한 공장에서 일하기 위해 수많은 노동자 계급이 이 지역에 주거지를 꾸미게 되었습니다.

물론 도시 교외에는 컨트리 사이드도 펼쳐져 있습니다. 1951년에 영국 최초로 국립 공원이 된 '피크 디스트릭트(Peak District)'는 호수 지방과 나란히 있으며, 영국 국내의 여행자들이 많은 인기 관광지로 알려져 있습니다. 12세기 이후 증·개축이 계속해서 진행

✤ 교외에는 커다란 디태치드 하우스가 곳곳에 존재합니다.

되어온 맨션 '하든 홀'은 중세를 대표하는 건축물로서 알려져 있으며, 영화「제인 에어(Jane Eyre, 2011)」의 촬영지로도 사용되었습니다. 16세기에 세워진 데본셔 공작의 컨트리 하우스 '채츠워스'는 영화「공작부인: 세기의 스캔들(The Duchess, 2008)」의 촬영지로도 알려져 있습니다. 드라이 스톤 월링(DRY STONE WALLING, 115페이지 참조)으로 구별된 기복이 풍부한 녹색 평원에 세워진 집들에는 사암인 이 지역의 독특한 '요크 스톤'이 사용되있습니다. 산업 혁명 시에 발전한 공장에서 배출된 매연 때문에 벽이 그을려 검게 된 집을 지금도 많이 볼 수 있다는 점도, 북잉글랜드 특유의 역사를 느끼게 합니다.

❀ 천연석의 풍화는 은은한 정취가 되어 집에 깊이를 더합니다.

❀ (아래)벽의 돌과 지붕
의 슬레이트는 주변
채석장에서 산출된
것을 사용했습니다.

❀ 솔테어(Saltaire)의 노동자 계급용 테라스 하우스.

🔾 호수 주변에 펼쳐진 자연이 아름다운 호수 지방.

호수 지방의 거리

　관광지로 코츠월즈 다음으로 유명한 북잉글랜드의 호수 지방은, 잉글랜드 북서부 웨스트모어랜드(Westmoreland)·컴벌랜드(Cumberland) 군·랭커셔(Lancashire) 지방에 걸친 지역의 명칭입니다. 호수 지방에는 빙하기 시대의 흔적이 짙게 남아 있으며, 계곡을 따라 크고 작은 무수한 호수가 존재합니다. 그중에서도 잉글랜드에서 가장 큰 윈더미어(Windermere) 호수는 한번 볼 만한 가치가 있습니다. 1951년 호수 지방의 대부분의 지역은 '레이크 디스트릭트 내셔널 파크(Lake District National Park)'로 지정되어 주변 경치 보호가 약속되었습니다.

　이 맑고 아름다운, 자연의 은혜를 듬뿍 입은 지역은 잉글랜드 유수의 리조트·휴양지로 알려져 있습니다. 피터 래빗(Peter Rabbit) 시리즈의 작가인 베아트릭스 포터(Beatrix Potter)는 작가로서 활동

⚘ 돌로 만든 집 사이에 종종 섞여 존재하는 외벽이 희게 칠해진 집.

하기 시작했을 때부터 호수 지방의 니어 소리(Near Sawrey) 마을로 이주했고, 남은 생애를 그곳에서 보냈습니다. 이 마을에서 수많은 이야기를 세상에 내보냈고, 호수 지방의 자연 보호에도 힘썼습니다. 니어 소리 마을에는 그녀가 소지했던 농장과 집이 지금도 남아 있습니다.

호수 지방의 집에는 현지에서 캘 수 있는 에메랄드 색이나 블루그레이 색의 점판암(粘板岩)인 슬레이트가 지붕과 외벽에 사용되었습니다. 또, 회반죽 벽 집도 많이 볼 수 있습니다.

자주 내리는 비와 구름 낀 하늘로 어두운 데다, 돌집도 결코 밝은 색은 아니기 때문에, 벽을 희게 칠해서 밝아 보이게 하는 걸 좋아했던 모양입니다.

🔹 (위)벽재인 돌과 지붕 재료인 슬레이트 모두 이 지역의 돌을 사용한. 이 지방에서만 볼 수 있는 집.
🔹 (왼쪽 아래)새로운 돌은 각도에 따라서는 에메랄드 색으로 보입니다.
🔹 (오른쪽 아래)채석장. 이런 돌들이 주택을 색칠합니다.

⬆ 콘위 성에서 본 경치.

웨일즈의 거리

영국 본토인 그레이트 브리튼 섬의 서부에 위치한 웨일즈(Wales)
는 13세기에 잉글랜드에 병합되었으며, 16세기에는 법적으로 통
합되었습니다. 켈트 민족의 문화를 이어받았으며, 영어와 함께 웨
일즈 어를 공용어로 사용하기 때문에 웨일즈로 들어가는 표지판

☗ 카디프 마을에 지어진 장식성이 풍부한 테라스 하우스.

은 2가지 언어로 표기되어 있는 것을 볼 수 있습니다.

　마을은 주로 북부와 남부에 집중되어 있으며, 인구의 2/3를 남부가 점유하고 중앙부에는 자연이 풍부한 산악 지대가 펼쳐져 있습니다. 웨일즈 안에서도 지역별로 지질이 매우 다양하며, 여러 가지 석제 건물을 볼 수 있습니다. 북부에 위치한 콘위(Conwy) 마을에서는 13세기에 건설된 성터와 성벽, 성 아랫마을이 남아 있으며, 당시의 모습을 느낄 수 있습니다.

　전체적으로 거친 느낌을 지닌 다크한 색조의 석제 집이 많아 중

☗ (왼쪽)심볼인 붉은 용이 인상적인 웨일즈의 국기.
☗ (가운데)표식은 웨일즈 어와 영어, 2가지 언어로 저혀 있습니다.
☗ (오른쪽)쪼개진 돌이 박혀 있는 벽.

✿ 자갈처럼 작은 돌로 표면 벽을 완성하는 것을 '페블대시(pebble-dash)'라고 합니다. 각 지에서 캔 자갈로 다양한 장식벽을 만들었습니다.

후함이 느껴지는 거리지만, 높은 건물이 없기에 하늘 면적이 넓게 느껴지고, 배경의 녹색 언덕과 정면에 펼쳐진 강이 조화를 이루어 무척이나 아름다운 작은 마을입니다.

⚲ 에든버러 구도시의 테너먼트 하우스. 현재도 플랫으로 사용되고 있습니다.

스코틀랜드의 거리

스코틀랜드(Scotland)는 영국 본토의 1/3의 면적을 차지하며, 북부에 위치합니다. 중심 도시인 에든버러(Edinburgh)나 글래스고(Glasgow)에서는 낡은 석조 거리에서도 런던과는 다른 인상을 받을 수 있습니다. 물론 쓰인 석재의 차이 때문이기도 하지만, 건축물의 높이에서 받는 인상 때문이기도 합니다.

스코틀랜드에는 예로부터 비교적 높은 건물이 많이 건설되었습니다. 그것은 잉글랜드에는 거의 없는 대형 테라스 하우스를 아파트식으로 구별해, 플랫이라는 형태로 잘라 파는 '테너먼트 하우스(tenement house, 공동 주택)'라 불리는 주거 형태가 전통이기 때문입

⚑ 글래스고 교외의 예술성이 풍부한 디자인으로 만들어진 집.

니다. 테너먼트 하우스는 17세기경부터 존재하며, 계급이 다른 사람들이 같은 테너먼트 하우스에 사는 진귀한 주거지였습니다. 참고로 위쪽에는 유복한 사람들, 지하층에는 저소득층이 살았습니다.

잉글랜드에서는 저소득층도 좁고 열악하긴 해도 지상에 있는 테라스 하우스를 소유했기 때문에, 거주 층을 나누고 구별된 방만 소지하는 플랫 주택 개념은 아직 없었습니다.

스코틀랜드에는 18~19세기에 걸쳐 지어진 테너먼트 하우스가

⬆ 에든버러 교외의 붉은 사암으로 지어진 세미 디태치드 하우스.

다수 남아 있습니다. 그것들의 외벽에는 '올드 레드 샌드 스톤'이라는 붉은 빛이 도는 사암과, '버프 스톤'이라는 노란색 사암이 사용되었습니다. 빅토리아 왕조 시대 이후에는 벽돌로 만든 집도 많이 볼 수 있게 되었습니다.

에든버러 성으로 가는 길에 있는 구시가지는 옛날에는 인구 과밀로 비위생적인 환경인 데다가, 수많은 저소득층이 죽어간 것으로도 유명해 고스트 투어가 많이 시행될 정도로 어두운 인상의 거리였습니다. 하지만 현재는 관광지가 되어 낮에는 떠들썩한 분위기를 보여주는 거리가 되었습니다. 건물들이 높고 존재감 넘치는 돌로 둘러싼 중후한 거리는 스코틀랜드의 독특한 문화재가 되었습니다.

♣ 1559년에 지어진 '리틀 모튼 홀'. 나무 보강재를 장식용으로 사용한 이 수법은 주로 잉글랜드 서부에서 인기를 얻었습니다.

목조 건축 거리

영국의 집은 석조이기 때문에 영구적으로 남으며, 일본의 집은 목조 건축이기에 영구적인 주택은 아니라고 생각하는 분도 많으리라 생각합니다만, 사실 영국에는 중세에 발전했던 마을을 중심으로 전국에 목조 주택이 남아 있습니다.

산이 적은 영국에서 목재는 희소가치가 높고, 사치스러운 건축재료였습니다. 런던을 불태워버렸던 1666년 런던 대화재 이후, 정부는 도시 계획으로 석조 주택을 권장했습니다. 산업혁명기에 벽돌 기술이 발달한 이후로 목재는 벽돌에게 그 지위를 내주고 말았지만, 지금도 다수의 목조 주택이 남아 있습니다.

♣ 검게 칠한 나무 축과 회반죽 벽과의 대비가
아름다운 건물.

목조 건축의 특징적인 외관이 바로 '하프 팀버링 (Half-timbering)'이라 부르는 수법입니다. 나무 축과 그 사이를 메우는 벽(회반죽이나 벽돌)으로 만들어진 건물을 총칭합니다. 이 건축 방법은 15세기 튜더 왕조 시대(1485~1603)에 탄생했습니다.

빅토리아 왕조 시대에 삼림이 풍부한 아시아에 식민지를 다수 갖게 된 영국인이 식민지에도 하프 팀버링 집을 다수 건축했기 때문에, 이 스타일의 집을 '영국의 집'의 대표적인 폼으로 받아들이는 사람도 적지 않을 겁니다.

튜더 양식의 건물. 세로 기둥이 많을수록 호
화로운 집으로 일컬어졌습니다

🏠 기둥과 짚을 엮은 형태가 영어의 'A'처럼 보
이는 'A' 프레임 목조 주택.

보존된 거리들

　‘집을 보면 그 지역의 특성을 알 수 있다.’ 이렇게 말해도 과언이
아닐 정도로, 영국의 집에는 그 지역의 특징과 역사가 반영되어 있
습니다. 영국에는 오래된 집이 많이 남아 있기도 하지만, 그때까지
그 지역에 지어진 집과 신축 물건의 분위기를 맞추거나, 수복 시에
도 외관에 규제를 가해 거리가 통일감을 갖도록 국가가 장려해왔
기 때문에, 그 지역의 특색이 계승되어왔다고 할 수 있습니다.

☝ 드라이 스톤 월링 기법의 돌담. 돌담도 거리를 형성하는 데 커다란 역할을 담당합니다.

❧ 지역에 따른 거리의 색 차이

영국 지방을 방문하면 그 '거리'마다 '색'이 다르다는 것을 깨닫게 됩니다. 돌을 캘 수 있는 지역에서는 그 토지에서 캔 돌을 쌓아 만든 집이, 그리고 목재 자원이 풍부한 지역에서는 하프 팀버링이라 불리는 목조 건축 주택이 탄생했습니다.

빅토리아 왕조 시대에 철도가 다니고, 교통망이 발달하기 이전에는 그 땅에서 얻을 수 있는 건축 재료를 사용해 집을 짓는 것이 지극히 당연한 일이었다고 할 수 있습니다.

그리고 전 세계의 건축 재료를 손에 넣을 수 있는 현재에 들어 집을 짓는 공법은 바뀌었다 해도, 영국에서는 그 지역의 경치를 보존하기 위해 그 지역의 돌이나 목재를 사용해 거리의 '색'을 유지하려 노력합니다. 그 지역에서 얻을 수 있는 것으로 지은 집은 경치에 동화되기 때문에 아름다운 것입니다.

❧ 보존 지구

영국에서는 지역 특유의 거리를 보호하기 위해, '보존 지구(Conservation Area)'를 제정하는 법률이 있습니다. 최초의 보호 지구는 1967년에 지정되었습니다. 이후 9800개 정도의 보존 지구가 추가되었습니다.

보존 지구의 목적은 지역 전체의 경관 및 집의 질을 지키는 것입니다. 철거는 물론이고 증·개축 시에도 나라의 허가가 필요합니

🏙 런던의 공사 현장의 안전 시트에는 거리와의 조화를 유지하기 위해, 건물 그림이 그려져 있습니다.

다. 집의 창문, 문 변경은 물론이고, 집의 지붕이나 바깥쪽에 달려 있는 빗물받이나 배수용 파이프 등도 대상입니다.

또, 이웃집과의 돌담이나 각각의 집 부지 내에 있는 커다란 나무 벌채 등도 대상으로, 보존 지구의 경관에 영향이 있다고 간주될 경우에는 주민이 희망한다 해도 나무를 마음대로 벨 수 없습니다. 나무도 환경의 질에 크게 공헌한다고 생각하는 것입니다. 나무 윗부분만 약간 자르려 해도 지방자치단체에 6주 전에 통보해야만 합니다.

증·개축 시에는 원래 쓰인 건축 재료를 사용하는 것이 의무지만, 도저히 그럴 수 없을 경우에는 원래 건축 재료에 가까운 상태의 건축 재료를 사용할 것이 요구됩니다. 코츠월즈나 호수 지방도 이 에어리어로 지정되어 있습니다. 그중에서도 코츠월즈는 2018

년 기준으로 잉글랜드에서 가장 많은 144개 에어리어가 보존 지구로 지정되어 있습니다.

보존 지구의 정의는 주택 그 자체만이 아니라, 더 광범위하게 '길'로 지정되어 있는 경우도 있습니다. 그 길가에 있는 집은 전부 보존 지구로 인정되는 것입니다. 영국의 아름다운 거리가 유지되는 것은, 그만큼의 제한 속에서 계속해서 집을 지켜온 사람들의 노력의 산물입니다.

또, 이건 법률과는 다른 부분이지만, 영국에서는 공사 중인 건물이라 해도 거리를 무너뜨리지 않도록 배려합니다. 공사 중인 건물은 안전을 위해 건물 전체를 시트로 덮습니다. 일본에서는 대개 흰색 또는 푸른색 시트를 건물에 씌우지만, 영국에서 사용되는 시트는 원래 거기 있어야 할 건물의 실제 크기 일러스트가 그려진 시트가 태반입니다. 가까이에서 보면 당연히 시트임을 알 수 있지만, 멀리서 봤을 때는 마치 그 건물이 아무 일도 없다는 듯 거기 있는 것처럼 느끼게 해줍니다. 공사 기간 중에도 거리의 경관을 지킨다…, 영국인의 높은 미의식이 느껴집니다.

🌿 거리를 형성하는 지역 특유의 건축 재료

그럼 영국 각지에서는 어떤 집을 볼 수 있는 걸까요. 어디에 어떤 집이 있는지는 지질을 표시한 지도를 보면 알 수 있습니다(다음 페이지의 '영국 건축 재료 분포 지도' 참조). 예를 들어, 90쪽에서 소개한 코

RANDOM RUBBLE 잡석 무더기	BRICK 벽돌
GRANITE 화강암	LIMESTONE 석회암
SANDSTONE 사암	CHALK or FLINT 백아 or 부싯돌

⬦ 영국의 건축 재료 분포 지도

츠월즈에서 볼 수 있는 귀여운 벌꿀색 돌을 사용한 집은, 사실 코츠월즈에서만 볼 수 있는 것은 아닙니다. 코츠월즈에서 꽤 멀리 떨어진 케임브리지(Cambridge)보다 더 북쪽에 위치한 스킬링턴이라는 작은 마을을 방문했을 때, 마치 코츠월즈를 보는 듯한 벌꿀색 집들이 지어져 있어서 놀랐던 적이 있습니다. 지도에서 확인해보면 그 마을은 코츠월즈와 연결되는 지질의 띠 위에 존재하기 때문에, 그 마을 주변에서 같은 재질의 돌을 채굴할 수 있었던 것입니다. 허니 스톤 집을 보고 싶은 분은 이 지질도를 따라 여행해보면 좋을 것입니다.

돌을 캘 수 없는 잉글랜드 남부에는 해안가에서 얻을 수 있는 자갈이나, 플린트(Flint)라 불리는 부싯돌을 반으로 쪼개 그 단면으로 장식한 집을 볼 수 있습니다.

목재 자원이 풍부한 남부에서는 목조 주택도 다수 존재하지만, 벽면에 기와를 비늘처럼 붙인 집이 많은 것도 특징입니다. 이것은 목조 주택을 비바람으로부터 지키기 위한 기법입니다. 잉글랜드 남부 이외에도, 삼림 지대인 요크로 대표되는 잉글랜드 중동부나, 스트랫퍼드 어폰 에이본(Stratford-upon-Avon)에서 체스터에 걸친 중서부에도 목조 건축 집은 다수 존재합니다.

잉글랜드 남부에서도 서쪽 끝에 있는 콘월 지방으로 가면 또 다른 지질이 출현합니다. 사암이나 화강암을 채취할 수 있기 때문에, 중후한 느낌의 집이 늘어서게 됩니다. 이 땅의 화강암은 런던에서 쓰이는 것과 동일합니다.

북잉글랜드의 호수 지방에서는 에메랄드 색 점판암인 슬레이트를 캘 수 있어 벽이나 지붕의 건축 재료로 사용되고 있습니다. 리즈 부근의 내륙부에서는 사암이 많이 나므로, 사암을 이용한 집이 다수 늘어서 있습니다.

그 외에도 그 땅에서만 캘 수 있는 돌이 존재하는 마을은 많이 있습니다. 예를 들어 코츠월즈 서쪽에는 모번 힐이라 불리는 언덕이 있습니다. 그 언덕 기슭에 위치한 그레이트 모번이라는 마을에서는 모번 힐 언덕에서 캘 수 있는 보라색을 띤 화강암을 사용한,

여기서밖에 볼 수 없는 집이 존재합니다.

웨일즈도 지역에 따라 캘 수 있는 돌이 다릅니다. 북부에서는 화강암, 중앙부에서는 석탄 계열의 석회암, 남부에서는 페넌트 사암이라 불리는 회색 돌 등이 채굴되며, 각각의 석조 주택을 각지에서 볼 수 있습니다. 특히 19세기 말에는 점판암인 슬레이트의 세계 최대 채석장이 되었기 때문에, 슬레이트 지붕을 많이 볼 수 있습니다.

스코틀랜드에서는 올드 레드 샌드 스톤이라는 이름의 붉은 사암을 채굴할 수 있어, 그 돌을 사용한 붉은 빛을 띤 건물이 다수 건설되었습니다. 그 외에도 버프 스톤이라는 노란색 사암도 사용되었습니다.

이처럼 영국에서는 그 지역의 지질에 따른 특유의 건축 재료를 지금도 활용하고 있음을 알 수 있습니다. 건축 재료에 따라서는 지금은 캘 수 없는 돌도 있으며, 그런 경우에는 그것들을 사용한 집의 가치가 높아집니다. 영국을 방문했다면 차창 밖으로 보이는 경치와 함께 변해가는 집의 색에도 주목해주시기 바랍니다.

✿ 드라이 스톤 월링

영국의 지방에 가면 거리나 전원 지대의 풍경을 구성하는 데 필수적인 존재인 '드라이 스톤 월링(Dry Stone Walling)'이라 불리는 돌을 쌓은 담을 볼 수 있습니다. 드라이 스톤 월링은 영국식 전통 공

⚘ 드라이 스톤 월링 상부를 화단으로 만든 예.

법으로 돌을 쌓는 것을 가리키며, 돌을 시멘트 등으로 고정하지 않고 돌과 쇄석(碎石, 돌을 잘게 부순 것)만으로 쌓는 특유의 기법입니다.

이용하는 돌 종류나 용도는 지역에 따라 다소 달라지지만, 여기서는 코츠월즈에서의 드라이 스톤 월링의 쌓는 방법을 소개합니다. 커다란 돌을 해머로 일정 크기로 부수고, 밑에서부터 위를 향해 큰 것부터 순서대로 쌓아갑니다. 일렬로 쌓는 것이 아니라, 앞뒤 2열로 쌓으면서 그 사이에 쇄석을 넣습니다. 위로 갈수록 폭이 좁아지게 쌓으며, 마지막으로 커다란 돌로 뚜껑을 덮고, 그 위에는 아래에 쌓은 돌 더미의 무게추가 될 돌을 세로로 세워 책을 늘어

풍화된 드라이 스톤 월링. 작은 틈은 동물들의 출입구가 되었습니다.

놓듯이 배치합니다. 이렇게 하면 끝이 뾰족해져 양들이 돌담을 뛰어넘는 것을 방지할 수 있습니다. 이 기술에는 자격시험도 있습니다.

드라이 스톤 월링에는 몇 가지 '규정'이 있습니다. 만약 자신의 부지 내의 드라이 스톤 월링을 양들이 파괴해버렸다면, 소유주는 관청에 전화를 합니다. 관청에서는 그 지방을 관장하는 돌 기술자에게 연락을 취하고, 그 돌 기술자가 인원을 파견해 돌 더미가 무료로 복구됩니다. 양한테는 죄가 없다는 걸까요.

집과 마당을 외부 부지의 자연과 연결하는 드라이 스톤 월링이 거리의 경관을 통일시키는 데 일익을 담당하고 있음은 분명합니다.

지역에 따른 생활의 차이
『북쪽과 남쪽』

엘리자베스 개스켈(Elizabeth Gaskel, 1810~1865)이 쓴 소설 『북쪽과 남쪽(North and South, 1854~55)』은 제목 그대로 영국 남부의 생활과 북부의 생활을 비교해 묘사한 이야기입니다. 공업이 발전한 '북쪽'과, 전원이 펼쳐진 '남쪽'의 가치관 차이가 이야기의 주축입니다.

19세인 히로인 마가렛 헤일은 '남쪽'의 태양이 빛나고 전원 지대 · 녹음이 펼쳐진 헬스톤 마을을 사랑했지만, 영국 국교회의 이념을 용납하지 못했던 아버지가 목사를 그만두게 되면서 구름 낀 하늘과 공장이 많아 황폐한 것처럼 보이는 '북쪽'의 공업 도시 밀튼으로 이사해야만 하는 처

🏚 빅토리아 왕조 시대의 공장터.

지가 됩니다. 이 이주에 따른 다양한 생활양식과 의식의 격차 등이 이야기에 묘사되어 있습니다.

밀튼 마을은 공장이 늘어서 있으며, 도로에는 면을 운반하는 화물 마차가 넘쳐나고, 사람들이 인도에 가득하며, 벽돌로 만든 작은 집 안에 짙은 안개가 흰 소용돌이처럼 몰려 들어오는 듯한 풍경. 남부에서 온 마가렛으로서는 받아들이기 힘들고, 모든 것이 다른 생활이 당혹스러울 뿐이었습니다. 또 그녀는 상업·공업 노동자에 대해 편견을 품고 있었기 때문에, 공장 경영자인 존 소소튼과 처음 만났을 때도 오만한 인상을 주고 맙니다. 하지만 가난한 노동자 가족과 만나고 그들과 친해지면서 서서히 밀튼에서의 생활에 익숙해져 갑니다.

그러던 와중에, 공장 노동자들이 파업을 시작하고, 소소튼의 저택으로 몰려오는 사건이 발생합니다. 그 모습을 보던 마가렛은 소소튼에게 '대화로 그들을 설득하라'고 재촉합니다. 그리고 폭도로 변한 일부 사람들이 저택으로 밀려오는 것을 보고, 마가렛이 몸을 던져 소소튼을 지켜냅니다. 원래부터 신경이 쓰이는 존재였던 마가렛이 자신을 위해 해준 일을 보고, 소소튼은 그녀에 대한 사랑을 자각하게 됩니다.

북쪽에 사는 사람과 남쪽에 사는 사람의 가치관 차이가 두 사람의 연애에도 영향을 미치게 됩니다. 그 후, 두 사람은 어떤 행보를 보여주게 될까요?

이 이야기는 영국 BBC에서 드라마로 만들어졌으니, 이야기의 결말과 함께 부디 북쪽과 남쪽 거리의 차이에도 주목하면서 봐주시기 바랍니다.

⚘ 런던 교외의 공영 주택. 앞쪽 벽의 낙서를 보면 치안이 좋지 않음도 엿볼 수 있습니다.

공영 주택의 역사

영국인은 인테리어 잡지에나 나올 법한 멋진 주택에 산다. 그렇게 생각하는 사람들이 많을지도 모르지만, 현실은 그렇지만은 않습니다. 영국의 일반 노동자의 대부분은 일본의 도심 생활과 별로 다르지 않은, 때로는 그보다 더 불편한 생활을 강요받는 경우도 있습니다. 여기서는 영국의 공영 주택에 대해 소개합니다.

🌱 영국의 공영 주택의 시작

영국의 공영 주택(Council house)은 19세기 후반, 노동자 계급의 열악한 주거 상태를 개선하기 위해 나라와 지방 자치 단체가 관여했던 것이 시작이었습니다. 당시 산업 혁명으로 인해 대도시에서는 인구 증가에 의한 주택 부족, 전염병 유행, 치안 악화 등이 문제였습니다. 계급 사회였던 영국에서는 일부의 유산 계급을 제외하면 노동자의 주거 환경에 대해 관심을 가지는 사람은 적었지만, 1832년 콜레라가 대유행하면서 수많은 사람들이 피해를 보게 되어 국가 차원의 문제로 다뤄지게 되었습니다.

공영 주택을 처음으로 제공한 것은 1880년입니다. 이것을 계기로 정부나 지방 자치 단체가 주택 사양에 개입하게 되었습니다. 그 결과, 런던을 시작으로 주요 도시의 주택이 열악한 상태라는 것이 만천하에 드러났고, 주거법이 제정되었습니다.

1900년에 들어서면 각 도시들도 런던의 뒤를 이어 공영 주택 건설을 개시합니다. 1919년 이후에 만들어진 공영 주택은 부엌과 거실, 3개의 침실이 있었고, 욕실과 실내 화장실도 설치되었습니다. 하지만 1930년경까지는 외부에 공동 화장실이 설치된 주택도 있었던 모양입니다. 그때의 공영 주택에는 넓은 백 가든이 있어서 야채 재배 등 자급자족이 권장되었습니다. 현재 공영 주택의 일부는 민간에 매각되어 일반 시민이 구입한 경우도 있습니다.

1930년대에는 지방 자치 단체가 도심부에 남아 있는 1875년 이전의 열악한 주택을 철거하기 시작하지만, 제2차 세계 대전에 의해 계획이 중단되어버리고 맙니다. 전후에는 프리패브 방식의 방갈로기 대량으로 긴설되있습니다. 스틸 프레임 건불은 조기 건설에는 유효하긴 했지만, 10년 주택으로 간주되었습니다. 이 방갈로는 바닥 면적이 29평방미터까지라는 규칙이 있었지만, 수세식 화장실과 보일러, 중앙난방도 구비되어 있었습니다.

⟰ 고층 타입의 노동자용 블록 플랫. 외관은 간소합니다.

❀ 공영 주택의 고층화 블록 플랫

1950~70년대 중반쯤에는 주택 수요를 충족시키기 위해, 더 많은 신규 공영 주택 건설이 진행됩니다. 영국인은 '집은 토지에서 태어난다'고 믿기 때문에 저층 주택을 좋아함에도 불구하고, 맨션 형태인 '블록 플랫'이 다수 건설되었습니다. 그중에서도 6층 이상의 건물에 대량의 보조금이 할당되었기 때문에, 고층 주택인 '타워 블록' 건설이 절정을 맞이합니다.

하지만 1968년 런던에서 22층짜리 고층 주택의 가스 폭발사고로 다수의 사상자가 나온 것이 계기가 되어, 10층 이상 고층 주택의 착공은 줄어들었습니다. 국민들의 고층 주택에 대한 불만도 단

⌂ (왼쪽)거리만 봐도 치안이 안 좋음을 느낄 수 있습니다.
⌂ (오른쪽)문 앞에 철제 격자를 설치해 방범에도 힘쓰고 있습니다.

숨에 폭발했습니다. 1975년 실시한 조사에서는 96.3퍼센트의 거
주자가 고층 주택에서 떠나고 싶다고 생각할 정도였고, 1991~94
년에 걸쳐 이러한 고층 주택 다수가 해체되었습니다. 하지만 대도
시에서는 고층 주택은 출퇴근이 편리한 곳에 있기 때문에, 많은 사
람들이 사는 귀중한 거점으로 생각되어 지금도 계속 존재합니다.

그런데 2017년, 공영 고층 주택에서 또다시 비극이 일어났습니
다. 1974년에 완성된 '랭커스터 웨스트 에스테이트(Lancaster West
Estate)'의 24층 타워 건물 '그렌펠 타워(Grenfell Tower)'에서 화재가
일어나, 70명에 달하는 사망자가 발생해버린 것입니다. 일본에서
는 고층 주택 최상층에 산다고 하면 고소득자라는 이미지가 있지

만, 그렌펠 타워의 주민 대부분은 나라의 원조를 받는 저소득층이었습니다. 앞으로 영국에서 고층 주택에 대해 어떤 대책을 마련할 것인지 궁금합니다.

❋ 노동자의 내집 마련 장려

1980년에는 마가렛 대처(Margaret Thatcher, 1925~2013)의 정권하에서, 공영 주택 입주자에게 주택을 특별 가격으로 구입할 권리가 주어졌습니다. 주민은 시장 가격의 33~50% 할인된 가격으로 주택을 구입할 수 있었습니다. 정부는 이렇게 얻은 자금을 신규 주택에 투자했던 것입니다. 이 제도로 인해 수많은 노동자가 내 집을 가질 수 있게 되었습니다. 하지만 양호한 물건은 팔리고, 불량 물건은 남는 현상이 일어나버리는 것은 당연한 결과였습니다. 현재도 생활 보호 등을 받는 저소득층은 관리가 좋다고는 할 수 없는 공영 주택을 이용하며, 그 주변은 치안도 좋지 않은 것이 현실입니다.

지역성은 현지 주민들은 숙지하고 있다 해도, 관광객들에겐 알 수 없는 부분이 있습니다. 그런 판단의 척도로서 길가에 떨어져 있는 쓰레기나 낙서, 집이 구석구석 잘 손봐져 있는지 등으로 알아챌 수 있습니다. 또, 현관문 앞에 철제 방범용 격자가 설치된 집이 있는 지역도 기준이 될 수 있습니다.

🏠 부둣가의 빈 창고를 리노베이션한 '컨버전 플랫'은 젊은이들에게 인기입니다.

✤ 부둣가의 개발

런던에 있는 창고나 오피스 등을 집합 주택으로 용도를 변경하는 건물들이 늘어나고 있습니다. 공장터 등의 폐허는 치안도 악화되어 있기 때문에, 재생시키는 것의 메리트가 크다고 할 수 있습니다. 기존 건물을 활용하는 재생 방법은 정부의 보조금도 받을 수 있기 때문에, 기업이 주목하고 있습니다.

입지 조건이 좋은 부둣가(Waterfront) 부근의 재생 집합 주택은 디자인성, 인테리어 질 모두 높아서, 최신 트렌드를 원하는 사람들에게 인기가 좋은 물건이 되었습니다.

새로운 거리 계획

산업이 발달한 18~19세기의 노동자들에게 주어진 주택은 열악한 상태였습니다. 공업화에 따라 노동자들은 도심부에 집중되었고, 그들에겐 과밀화된 비위생적인 집이 주어졌습니다.

'백 투 백(Back-to-back)'이라 불리는, 벽 하나만 사이에 두고 다닥다닥 붙어 있는 테라스 하우스가 많이 지어진 것도 이 시절 즈음입니다. 저비용으로 많은 사람이 살 수 있다는 이유로 양산되었습니다. 백 투 백 주택은 빛이 들어오는 곳이 창문 하나뿐이었고, 바람이 잘 통하지 않았기 때문에 전염병을 초래하기도 하는 등 사회 문제가 되었습니다. 백 투 백은 1909년에 건축이 폐지되었습니다.

모범적인 거리 만들기

그 후 국력의 수준을 끌어올리려면 노동자 계급의 생활환경을 개선할 필요가 있다는 생각에서, 주택 개선이 진행됩니다. 그러던 와중, 노동자의 주거 환경 향상을 배려한 기업가에 의해 모범적인 거리 만들기, 모델 빌리지(Model Village)가 등장합니다. 현재 세계 유산으로도 등록된 북잉글랜드의 '솔테어(Saltaire)'라는 마을입니다. 이 마을은 1853년에 만들어졌습니다. 직물 공장을 운영하던 기업가 타이터스 솔트(Titus Salt, 1803~1876)는 노동자가 일하기 편

☗ 솔테어(Saltaire)의 테라스 하우스. 기본 시설은 1층의 거실과 부엌이 있으며, 2층에 3개의 침실과 백 가든과 화장실이 설치되어 있었습니다.

한 생활환경을 만들기 위해 많은 집을 만들고, 학교, 병원, 교회 등의 시설을 완비해 노동자의 생활을 보장했습니다.

또, 영화『찰리와 초콜릿 공장(Charlie And The Chocolate Factory, 2005)』의 모델이 되었다는 캐드버리 초콜릿 공장(Cadbury Chocolate Factory)의 2대째 경영자 조지 캐드버리(George Cadbury, 1839~1922)도 종업원의 열악한 주거 환경을 개선하기 위해, 버밍엄(Birming-ham)에 토지를 구입해 '본 빌(Bournville)'이라는 모델 빌리지를 만들었습니다. 주택 이외의 토지 75%를 정원으로 만든 마을로, 노동자가 야채 등을 재배할 수 있음과 동시에 경관과 노동자의 충실한 여가 생활이 고려된 마을입니다.

⚜ 포트 선라이트의 테라스 하우스. 한 눈에 봐서는 9채의 테라스 하우스라는 것을 알 수 없는 초승달 형태의 디자인으로 만들어져 있습니다.

⚜ 가든 시티의 고안

그리고 도시와 전원 풍경을 일체화시킨 가든 시티 구상의 선구자격이라 일컬어지는 마을이 '포트 선라이트(Port Sunlight)'입니다. 비누 회사 레버 브라더스(Lever Brothers, 1885/현 유니레버Unilever)를 창립한 윌리엄 헤스케스 레버(William H. Lever, 1851~1925)는 1887년에 리버풀(Liverpool) 근교에 공장 노동자용 모델 빌리지를 계획했습니다. 레버는 '인간에게는 일을 마친 후 릴랙스할 수 있는 집의 존재가 중요하다'고 말했습니다. 쾌적한 주거 환경은 노동자에게 안식과 활력을 주고, 내일의 노동 의욕과 연결된다는 생각입니다. 주거 환경이 충실하면 노동자들은 질 좋은 노동을 제공하고, 그로 인해 공장의 생산성도 오른다… 라는 이상적인 순환을 만들어냅니다.

⚓ 파운드베리 거리. 조지안 시대의 초승달형 테라스 하우스를 오마주한 것으로 보이는 디자인입니다.

　　포트 선라이트에는 같은 디자인의 건물이 없습니다. 특징으로는 같은 모양으로 연속된 테라스 하우스가 아니라, 하나의 커다란 건물로 보이는 디자인성 풍부한 테라스 하우스가 다수 존재합니다. 포트 선라이트의 주택은 복수의 디자이너가 작업했고, 나중에 유명해지는 건축가도 배출했습니다. 다양한 양식이 사용되었지만, 지역의 특색인 소재를 살린 하프 팀버링과 벽돌 디자인을 고려했기 때문에 지역성과도 어울리고, 거리도 높은 평가를 받았습니다.

　　그리고 영국 최초의 가든 시티가 된 '레치워스(Letchworth)'가 에버니저 하워드(Ebenezer Howard, 1850~1928)에 의해 1903년 실현됩니다. 그 전까지와 다른 점은 기업가에 의한 것이 아니라, 전원도시를 운영하는 회사에 의한 자립형 도시 개발이라는 것입니다. 그 회사에는 앞서 말한 기업가 캐드버리와 레버도 이사(理事)로 참가해 있습니다. 설계자인 레이몬드 언윈(Raymond Unwin, 1863~1940)은 윌리엄 모리스에 심취해 있었기 때문에 아트 앤드 크래프트 사상에 영향을 받은 건물이 건설되었으며, 외관 말고도 영국다움을 보존하게 되었습니다.

☙ 어번 빌리지 운동

제2차 세계 대전 이후로 근대에 걸쳐 기계화가 진행되면서, 싸고 질이 좋지 않은 주거지가 눈에 띄게 되었습니다. 이런 상황에 경종을 울린 것이 찰스 황태자의 저서 『어 비전 오브 브리튼(a vision of britain: a personal view of architecture, 1989)』였습니다. 그 사상은 국민의 지지를 받아 '어번 빌리지(Urban Village) 운동'이 되었습니다. 어번 빌리지 운동은 '지역의 재료를 사용하고, 보행자를 우선시한 풍경과 조화를 이루는 전통적이고 지속 가능한 거리 만들기'라는 이념하에 장려되고 있습니다. 찰스 황태자의 영지에서 1993년부터 개발 중인 런던 남서부에 위치한 도싯 주 '파운드베리(Poundbury)'가 이 운동의 실현의 장이 되었습니다. 가장 낡은 에어리어는 건축된 지 이미 25년이 지났으며, 3000채 이상의 집에서 사람들이 생활 중입니다. 지역성을 고려한 디자인과 공업 제품을 제한하는 거리 만들기는 지금도 계속되고 있습니다.

제3장
양식에 따른
집의 선택

　영국의 집은 시대별로 각각 특징이 있으며, 시대에 따라 건축 양식도 나뉩니다. 영국인은 이 시대 양식을 의식하며 집을 선택하는 사람이 많으며, 건축 양식에 관한 최소한의 지식을 지닌 사람이 태반입니다. 자신의 집이 어느 시대 양식으로 건축된 것인지 모르는 사람은 일단 없다고 봐도 좋을 겁니다.

　시대별 건축 양식의 특징을 알면 그 집이 어느 시대에 지어진 것인지를 외관으로 판단할 수 있기도 하고, 인테리어를 상상할 수 있기도 합니다.

　건축 양식의 유행 배경에는 역사적인 흐름이나 사람들의 삶의 변화를 들 수 있습니다. 이 장에서는 영국 특유의 건축 양식이 탄생한 역사를 되짚어 보면서, 각 시대 양식의 건축 재료의 특징을 소개해볼까 합니다.

튜더 · 자코비안 양식(1485~1660)

　튜더(Tudor) · 자코비안(Jacobian) 양식이란 왕위 계승 문제를 두고 오랫동안 이어지던 장미 전쟁의 종결에 의해 탄생한 튜더 왕조부터, 스튜어트(Stuart) 왕조의 제임스 1세(James I, 1566~1625)의 치세

❦ 하프 팀버링이 특징인 튜더 양식의 건물.

기간 동안 유행한 양식을 말합니다. '자코비안'이란 제임스를 히브리어(Hebrew language)로 자콥(영어식. 히브리어 발음으로는 야곱-역주)이라 부르는 데서 따온 것입니다. 이 시대는 헨리 8세(Henry VIII, 1491~1547)에 의한 종교 개혁 및 엘리자베스 1세(Elisabeth I, 1533~1603)에 의한 스페인 전쟁의 승리 등 영국의 기초를 다진 왕이 군림하던 시대로, 왕의 권위가 엄청나게 강했습니다. 건축은 부의 상징이었으며, 주거지에 재력을 투자하게 되면서 집은 가족과 일상 생활을 보내는 프라이빗 공간에서 타인을 집에 초대해 커뮤니티를 다지는 사회적인 역할을 담당하는 오픈된 공간으로 변화하게 됩니다. 그렇기에 집의 구조도 오픈된 공간과 프라이빗한 공간의 구별이 가능하게 되는 변화도 생겨났습니다.

영국의 건축 하면 벽돌과 돌로 만든 집을 떠올리게 되는 경우가 많지만, 16세기경까지는 목조 주택이 주류였습니다. 이 시대의 목조 건축은 나무 사이, 기둥 사이에 가지를 엮어 채우거나 진흙벽을 칠한 하프 팀버링이라 불리는 외관이 특징입니다.

❀ 튜더 · 자코비안 양식 건축 재료의 특징

돌 고정 틀에 납 격자가 달린 유리창

16세기 이후 영주의 집의 중심에는 돌로 만든 세로나 가로로 긴 틀 안쪽에, 납으로 만든 마름모꼴 격자에 유리를 끼워 넣어 고정시킨 창문을 달게 되었습니다. 낙숫물을 방지하기 위해 창문 위에 관 모양으로 돌을 가공해 달아둔 것도 특징입니다. 일반 주택에는 17세기경부터 보급되었습니다. 당시에는 유리가 아직 고가일 때라, 이사할 때는 다음 집으로 유리를 가지고 갔다고 합니다.

튀어 나온 창문

영주의 집 등 부유층의 집에 쓰인 창문입니다. 홀 안쪽의 주인이 있는 장소에 설치되었습니다.

격자창

유리가 아직 없는 세로 격자창이라는 이름의 개구부(開口部)가 많은 집에 쓰였습니다. 비는 덧문이나 기름을 먹인 천으로 막았던 모양입니다. 현재 쓰이는 것에는 안쪽에 유리가 끼워져 있습니다.

오크 패널링
(Oak Paneling)

오크(Oak, 참나무, 떡갈나무 등·역주) 소재로 만든 사각형 프레임을 연속으로 벽에 장식하는 기법.

하나하나의 파츠를 끼워 넣어 제작하는 손이 많이 가는 벽 장식입니다.

프레임 내부에 천을 집어넣은 듯이 세로 주름을 새겨 장식한 오크 패널은 '린넨폴드(linenfold)'라 부릅니다.

목제 문

두껍고 딱딱한 세로 나무판을 뒤에서 고정한 목제 문이 주류입니다. 철제 못이나 나무 조각으로 심플하게 장식되어 있습니다.

난로

유복한 집에서는 문장을 장식한 돌로 만든 폭이 넓은 난로를 볼 수 있습니다. 일반 집에서는 긴 대들보로 커다란 개구부를 지탱하는 난로를 사용했습니다.

대들보

대들보와 작은 지주로 연결된 2층 플로어 판이 보이는 천장 스타일이 일반적이었습니다.

장식 천장

16세기 후반부터 석회 등으로 천장에 기하학적인 천장 장식을 만드는 집이 늘어났습니다.

돌출 공법(오버행, Overhang)

위층이 아래층보다 더 돌출된 목조 건축물로, 튀어나온 부분은 제티라 부릅니다. 2층의 실내 공간을 넓게 확보할 수 있어 인기를 모았습니다.

크리스마스 푸딩을 옮기는 여성의 머리 위에서 돌출 공법(오버행)을 볼 수 있습니다. (The Illustrated London News Christmas Number/1897년)

장식 계단

자코비안 후기, 17세기 중반이 되면 궁전 같은 건물에서는 섬세한 목제품으로 장식된 계단을 볼 수 있게 됩니다.

계단 기둥 위에 식물, 과일 등을 조각한 예술적인 장식도 볼 수 있게 됩니다.

침니 팟

침니 팟(chimney pot, 굴뚝 꼭대기의 통풍관-역주)의 숫자는 집의 난로 숫자를 나타내기에, 부의 상징이 되었습니다. 난로가 일반적이 되고 굴뚝이 외벽 쪽에 만들어지게 되면서, 굴뚝 높이를 높일 필요성이 제기되었습니다. 호화로운 나사식 침니 팟은 '튜더 침니'라 불립니다.

외부 나무 장식벽

유복한 집에서는 외벽에 목재 구조로 생긴 사각형 틀 안쪽에, 마찬가지로 목재로 디자인한 장식을 끼워 넣기도 했습니다.

튜더 양식의 집
윌리엄 셰익스피어의 집

후세의 작가들에게 커다란 영향을 미친 영국 문학을 대표하는 윌리엄 셰익스피어(William Shakespeare, 1564~1616). 1590년대 초반부터 런던에서 극작가로 활동을 시작했고, 무수한 비극, 희극, 로맨스 극을 발표했으며, 엘리자베스 1세도 매료되었을 정도였습니다.

그런 문호 셰익스피어가 태어난 곳으로 유명한 것이 스트랫퍼드어폰에이번(STRATFORD UPON AVON)이라는 에이번 강 둔치에 있는 멋진 거리입니다. 여기에는 셰익스피어의 생가와 셰익스피어와 관련이 있는 사람들의 집이 보존되어 있어, 당시의 상황을 알 수 있습니다.

하프팀버링 공법의 외벽이 특징인 튜더 양식으로 지어진 셰익스피어

❀ 셰익스피어의 생가. 16세기 중반에 지어졌다고 합니다.

🏠 홀즈 크로프트는 셰익스피어의 딸이 살
던 집. 오리지널 부분은 1613년 지어졌
습니다.

의 생가는 인기 관광 명소가 되었습니다.

　집안에는 마치 시간이 멈춘 것 같은데, 거실, 식당, 부엌, 셰익스피어 부친의 피혁가공용 작업실, 셰익스피어가 태어났다고 전해지는 침실 등이 재현되어 있습니다. 방에 깔려 있는 돌바닥도 당시 그대로이므로, 그 야말로 시대의 숨결을 느낄 수 있을 것입니다. 이곳은 18세기부터 셰익스피어의 팬들이 견학하러 찾아오는 모양이라, 2층에는 이 집의 역사와 19세기에 여기를 찾아왔던 유명 작가와 저명인사들의 서명이 남아 있는 유리창이 전시되어 있습니다.

　스트랫퍼드어폰에이번에는 셰익스피어의 생가만이 아니라, 뉴플레이스라는 셰익스피어가 노년을 보낸 집터, 셰익스피어의 딸과 남편이 살았던 홀즈 크로프트(Hall's Croft)가 있습니다. 또, 근교의 쇼터리(Shottery) 마을에는 셰익스피어의 부인 앤 해서웨이(Anne Hathaway, 1555~1623)의 본가 농장 등도 있어, 셰익스피어가 살던 시대의 건축과 가구에 흥미가 있는 사람이라면 반드시 봐야 하는 장소가 즐비합니다. 모든 건물에서 당시의 의상을 입은 가이드가 있어 설명을 들을 수 있으므로, 튜더 왕조로 타임 슬립한 기분으로 산책을 즐겨보는 것도 좋을 겁니다.

🔖 '더 서커스(The Circus)'라는 이름이 붙은 원형의 조지안 양식 테라스 하우스.

조지안 양식 · 리전시 양식(1714~1837)

1714년부터 1811년의 조지 1세(George I, 1660~1727)부터 조지 3세(George III, 1738~1820)가 통치하던 시대의 건축 양식이 조지안(Georgian) 양식입니다. 영국의 부와 인구가 비약적으로 증가했고, 건축 면에서도 황금기를 맞이한 시대입니다. 이 시기 영국은 절대왕정이 아니라, '군림하지만 통치하지 않는' 입헌군주제 정치가 행해지고 있었습니다. 나라의 권력은 왕실보다도 의회 정치에 관련된 사람들에게 옮겨 갔으며, 서서히 부를 얻게 된 그들은 부유함의 상징으로 집을 건설합니다.

이 시기 영국에서는 상류 계급의 자식들이 유럽을 여행하며 유희를 즐기는 '그랜드 투어'가 대유행했습니다. 그랜드 투어에 참가한 귀족의 자제들은 외국에서 다양한 인물, 장소, 문화, 예술을 접하고 귀국합니다. 특히 그리스, 로마의 건축에 매료된 그들에 의해, 르네상스의 영향을 받은 이탈리아 건축을 본 뜬 조지안 양식이 유행하게 됩니다.

조지안 양식은 좌우 대칭을 기본으로 한 세련된 디자인이 특징입니다. 이 시대에 주거 공간이 건물 지하까지 확장되어, 부엌이나 하인들의 작업실로 사용되게 됩니다.

당시의 사교의 중심이기도 했던 영국 서부의 마을 바스(Bath)는 마을 전체가 조지안 양식이 되어 있어 멋진 경관을 보여줍니다. 바스 마을에 건설된 완만한 곡선을 그리는 초승달 형태의 거대한 테라스 하우스는 런던의 거리에도 큰 영향을 미쳤습니다.

리전시(Regency) 양식이란 병으로 나라를 통치할 수 없게 된 조지 3세 대신에 아들 조지 4세(George IV, 1762~1830)가 섭정 황태자(prince regent)로서 일했던 1811년부터 1820년 사이를 중심으로, 그 전후를 포함한 기간에 유행한 양식을 말합니다.

조지안 양식 건축을 기본으로, 시대에 따라 프랑스의 로코코 양식, 동양의 시누아즈리(chinoiserie), 영국의 식민지였던 인도, 아프리카, 이집트의 디자인 등 이국의 디자인을 믹스한 화사하고 화려한 색채의 건축은 절충 양식, 제정 양식이라고도 부릅니다.

부채꼴 창(팬라이트)

현관문 위에 붙어 있는 부채꼴 모양의 붙박이창입니다. 당시의 현관홀은 가늘고 긴 데다 살짝 어두웠기 때문에, 채광을 좋게 하기 위해 탄생했습니다. 장방형의 외형 프레임 안에 부채꼴 디자인을 끼워 넣었던 초기형에서, 부채꼴 외형 프레임에 화려한 아이언워크를 더하는 것으로 발전했습니다.

6장 패널 문

상단에 작은 패널, 중단에 커다란 패널, 하단에 줌다보다 조금 삭은 패널을 2열로 끼워 넣은 6장 패널 문이 유행했습니다. 마호가니 같은 고급 목재는 소재를 갈아 본래의 바탕을 살리고, 그 이외의 목재는 페인트로 마무리합니다. 하단, 중단의 패널은 십자가를, 상단 패널은 펼쳐 든 성서를 모델로 한 디자인이라고도 합니다.

아이언워크(Ironwork)

리전시 양식의 커다란 특징이 아이언워크(철세공으로 만드는 장식 미술)입니다. 현관 포치(Porch, 현관 앞의 지붕과 벽이 있는 부분-역주)나 2층 창문용 장식으로 베란다에 설치하곤 했습니다. 섬세한 디자인으로 된 물건들이 다수 탄생했습니다.

몰딩(molding)

벽과 천장의 이음매에 석고나 회반죽 등으로 만든 장식을 붙이게 되었습니다. 계란 모양이나 이빨 모양의 디자인이 유행했습니다.

상하창(sash window)

나무로 만든 내리닫이 창. 새시의 무게와 같은 무게추가 창틀 안에 들어 있으며, 상부의 도르래를 통해 로프로 연결되어 도르래의 원리로 가볍게 올리고 내리는 동작이 가능한 구조로 되어 있습니다. 1774년 새시 틀이 외벽 블록보다 안쪽으로 들어가도록 법률로 규정되었기 때문에, 조지안 후기에는 창문들이 외벽보다 안쪽으로 들어가 있는 것이 특징입니다.

창 위치가 벽보다 안쪽으로 들어가야 하는 규정이 생기기 이전의 초기 조지안 창.

페디먼트(Pediment)

로마 건축의 삼각형 박공벽으로(보통 건물 입구 위의 삼각형 부분을 말함.·역주), 커다란 건축물에서는 원주와 함께 건물 중앙의 튀어나온 부분에 사용되었습니다. 테라스 하우스 등의 현관문이나 창문 위의 장식으로도 쓰였습니다.

원기둥

오더(Order)라 불리는 로마 건축의 전통적인 원기둥이 실내외의 장식으로 쓰이게 되었습니다. 석재나 대리석으로 만들었으며, 실내에서는 칸막이로 활용되었습니다.

계단 장식

19세기에서는 철제 기둥에 마호가니 난간을 얹은 디자인이 주류였습니다. 리전시 양식이 된 후에는 아이언워크가 더욱 섬세해졌습니다.

오버 더 포스트 스타일 이라 불리는, 계단 첫 칸 의 난간이 소용돌이 모 양으로 시작하는 디자 인이 유행했습니다.

지하와 반지하

조지안 시대의 테라스 하우스는 지하가 있었으며, 아래쪽 사진처럼 1층 출입구와 도로는 다리를 건너는 듯한 현관으로 연결되어 있었습니다. 리전시 시대에는 지하가 반지하가 되었으며, 위쪽 사진처럼 1층의 바닥이 높아졌기 때문에 출입구를 연결하는 다리가 계단식이 되었습니다. 입구 앞에 계단이 있느냐 없느냐로 양식을 구별할 수 있습니다.

주전자의 증기를 관찰하는 제임스 와트(James Watt, 1736~1819) 의 뒤쪽 창문에는 상하창이 설치되어 있습니다(1874년판).

로버트 애덤 스타일

18세기 영국의 건축 양식에 커다란 혁명을 가져온 건축가로 스코틀랜드 출신인 로버트 애덤(Robert Adam, 1728~1792)이 있습니다.

그는 프랑스와 이탈리아에서 유학했으며, 이탈리아 예술가이자 건축가인 조반니 바티스타 피라네시(1720~1778)와의 친교로 인해 지대한 영향을 받습니다.

당시에는 폼페이나 그리스 유적의 발굴 작업이 진전되고 있었기 때문에, 고대 로마, 그리스 문화가 대유행했습니다.

당시의 유명한 건축가는 교회나 궁전 등 공공 건축물만 대상으로 활약하는 사람이 많았지만, 그는 개인의 주택을 중심으로 일을 확대해 나

❦ 섬세하고 가는 돌을 이용한 장식이 특징적.

🕯 연한 색으로 오목하게 패인 장식 공간도 특징. 난로 주변도 돌조각으로 장식되어 있습니다.

갔습니다. 고대 건축 양식을 받아들인 조지안 양식으로 케들스턴 홀(Kedleston Hall), 오스터리 파크(Osterley Park), 켄우드 하우스(Kenwood house), 사이온 하우스(Syon House) 등 다양한 컨트리 하우스를 건축했습니다.

 애덤은 집의 외장부터 인테리어의 세세한 부분까지 직접 디자인했습니다. 대리석 등의 석재를 많이 사용하거나, 천장이나 벽에 부착된 회반죽 장식, 곡선을 사용한 돌출창, 얕은 돔, 정면에 당당히 우뚝 선 원기둥, 얕게 패인 아치, 그리고 화망(花網) 장식이나 타원형 디자인, 메달리온 등도 많이 사용한 디자인은 그의 이름을 따 애덤 스타일이라 불렸습니다. 애덤의 디자인은 도자기 공예가 조지아 웨지우드(Josiah Wedgwood, 1730~1795)를 시작으로, 다양한 예술 분야의 사람들에게 영향을 미쳤다고 합니다.

☖ 런던에서 유행했던 붉은 벽돌의 빅토리안 양식 테라스 하우스.

빅토리안 양식(1837~1901)

　빅토리안(Victorian) 양식은 1837년부터 1901년까지 64년 동안 빅토리아 여왕(Queen Victoria, 1819~1901)의 통치 시대에 지어진 것들을 말합니다. 18세기 후반부터 시작된 산업혁명으로 인해 영국은 '세계의 공장', '해가 지지 않는 나라'라고 불리던 대영제국의 절정기에 해당하며, 사람들의 생활수준도 급격한 속도로 풍요로워졌습니다. 공업화에 의한 사회 변화에 따라, 농업에 종사하던 시골 사람들이 런던이나 맨체스터 등의 공업 도시의 노동자로 이주하면서 도시의 인구가 증가했고, 그 결과 주택 수요도 급격히 상승했습니다.

　건축 양식이 리바이벌되었고, 믹스되어 절충 양식이 된 것이 특

✿ 화려한 인상을 주는 빅토리안 양식의 디태치드 하우스.

징입니다. 바로크, 자코비안, 조지안 등 과거 건축 양식의 매력이 되살아나고, 다양한 양식을 받아들인 빅토리안 양식의 집은 조지안 양식의 좌우대칭 디자인과는 달리 좌우 비대칭이거나 요철이 많아졌습니다. 디자인적인 요소도 풍부해지고, 안과 밖 모두 장식이 많으며, 화려하게 매료시키는 스타일이 유행합니다.

그러는 와중에 특히 더 유행한 것이 고딕 리바이벌입니다. 빅토리아 여왕이 독실한 기독교 신자였기 때문에, 국내에는 유례없을 정도로 종교에 대한 열의가 높아졌습니다. 종교 정신을 가장 잘 표현하는 건물이 중세 시대의 고딕 스타일이라 생각하게 되었고, 빅토리안 고딕이라 불리는 중세 회귀 스타일이 주목을 모았습니다. 영국 국회 의사당이 그 대표적인 건물입니다.

4장 패널 문

4장의 패널로 이루어진 문이 주류가 됩니다. 1880년경이 되면 위쪽의 2장에 유리를 끼워 넣은 디자인도 등장합니다.

상감(象嵌) 타일

고딕 리바이벌로 복각된 장식용 타일. 모양을 새겨 넣은 형틀에 각기 다른 색의 점토를 채우고 압축 소성(燒成)해 만든 것으로, 내구력도 우수한 타일입니다.

현관 포치

건물보다 안으로 들어간 스타일을 볼 수 있게 되었습니다.

빅토리안 플로어 타일

세라믹 타일을 기하학적인 모양의 패턴으로 전개한 바닥 타일. 30종류에 가까운 색과 모양을 조합해, 매우 풍부한 아름다운 디자인을 만들어낼 수 있어 인기를 모았습니다. 크림색, 빨간색, 갈색, 검은색이 기본이었고, 훗날 녹색과 파란색도 추가되었습니다. 주로 현관홀이나 거실, 외부 포치에 쓰였습니다.

장식 박공널(bargeboard)

뱃집지붕의 처마에 붙어 있는 박공널 소재의 장식. 피어스워크나 곡선 등, 정교한 디자인으로 장식되었습니다.

포인티드 아치

(Pointed Arch)

중세 고딕 양식의 장식으로, 끝부분이 뾰족하게 튀어나온 듯한 포인티드 아치라 불리는 형태의 현관문 및 창문을 쉽게 발견할 수 있었습니다.

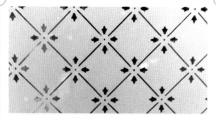

에칭 유리(Etching glass)

스테인드글라스(금속이나 안료 등을 녹여 붙인 색판 유리조각을 접합시킨 채색 유리판·역주)나 색유리와 함께 에칭 유리(유리 표면에 화학적인 방법으로 모양, 문자 등을 조각한 것·역주)가 쓰이게 되었습니다. 현관문이나 계단 홀 등에 사용되었습니다.

지붕의 추녀 장식 테라코타(Terra cotta)

지붕 꼭대기에 장식 요소가 풍부한 테라코타(건물 외장용으로 쓰는 대형 타일의 일종·역주) 타일을 덮는 것이 유행했습니다. 그리고 처마 끝에는 돌이나 쇠장식, 또는 정교하게 조각된 드래곤 등의 동물을 얹었습니다.

벽돌 패턴

붉은 벽돌 사이에 회색 벽돌을 이용해 마름모 모양을 그리는 패턴이 유행했습니다. 튜더 왕조 시대의 유복한 집에서 볼 수 있던 스타일을 복각한 것입니다. 여러 가지 색을 사용한 벽돌 띠 장식도 이 시대 특유의 디자인입니다.

돌출창(Bay window)

빅토리아 왕조 중기에 창문에 대한 세금이 철폐되면서 사람들이 커다란 창문을 원했고, 앞으로 튀어나온 돌출창이 보급되었습니다.

링크래스터

엠보싱이 있는 벽지로, 주로 현관홀에 쓰였습니다. 통상 벽지보다 두껍고 내구성도 좋으며, 씻어도 되는 벽지로 인기를 얻게 됩니다. 요철에 빛이 닿으면 아름다운 음영이 연출되는 점도 매력이었습니다. 빅토리아 왕조 시대는 허리 정도까지 오는 장식적인 식물무늬 디자인이 인기였습니다.

비늘 지붕

단조로운 지붕을 장식성이 풍부하게 만들기 위해, 평평한 기와와 물고기 비늘 같은 모양의 기와를 함께 사용해 모양을 만드는 지붕 디자인이 인기를 끌었습니다.

고딕 소설 『노생거 애비』

　18세기 중반부터 19세기에 걸쳐 영국에서는 중세 문화, 그중에서도 특히 고딕 문화에 대한 관심이 급격히 높아졌고, '고딕 리바이벌 건축'이 탄생했습니다. 사회의 고딕에 대한 관심은 문학 세계에도 영향을 미쳐 고딕 소설이 유행하게 됩니다.

　고딕 소설의 무대는 중세의 낡은 성이나 수도원 등이 일반적이었고, 거기서 일어나는 다양한 기괴 현상이 테마였습니다. 비밀 문이나 숨겨진 통로, 열어서는 안 되는 문, 들어가면 안 되는 탑 등, '열리지 않는 문'이 있는 것이 고딕 소설의 중요 포인트입니다.

🕆 (왼쪽)12세기에 지어진 해던 홀(Haddon Hall) 성.
🕆 (오른쪽)중세에는 오크 패널링 방에 커다란 태피스트리를 장식하는 것이 유행했습니다.

🌷 무늬가 조각된 오크 패널링. 이 장식만 봐도 다양한 상상이 부풀어 오르는 것만 같습니다.

1817년에 발표된 제인 오스틴(Jane Austen)의 『노생거 애비(Northanger Abbey)』의 주인공은 그런 고딕 소설에 매료된 17세의 평범한 소녀 캐서린입니다. 그녀는 리조트인 바스에서 알게 된 친구에게 고딕 소설을 소개받고, 완전히 고딕 소설의 노예가 되어버리고 맙니다. 그리고 바스에서 멋진 남성과 만나 사랑에 빠집니다. 캐서린은 그 남성의 집에 초대를 받는데, 그의 본가가 중세 시대부터 이어져 내려온 고성 '노생거 애비'라는 사실을 알고 그녀의 마음은 더욱 요동치게 됩니다.

노생거 애비의 고딕 건축을 보는 장면은 이렇게 묘사되어 있습니다. '캐서린은 잔디밭에서 처음으로 노생거 애비의 건물 전체를 바라보고는, 예상을 까마득히 뛰어 넘는 당당한 모습에 압도되었다. 건물 전체가 커다란 안뜰을 둘러싸고, 사각형 건물 2채는 고딕 양식으로 화려하게 장식되어 유난히 더 장엄하고 화려한 모습이 더욱 눈에 띄었다.'

하지만 캐서린은 고딕 소설을 너무 많이 읽는 바람에, 노생거 애비 성 내부를 안내받는 동안에도 터무니없는 망상만 하고 있었습니다. 저 문 안에는 뭐가 있는 걸까, 뒤뜰에는 뭐가 숨겨져 있는 걸까? 급기야는 남성의 아버지가 남성이 어머니를 죽인 건 아닐까… 등, 말도 안 되는 생각을 해버리고 맙니다. 그 일로 인해 그녀와 남성의 사랑은 어처구니없는 방향으로 흘러가게 됩니다.

빅토리안 타일의 매력

중세 고딕 부흥 운동으로 인해, 중세 시대의 교회 건축 시 건축 재료로 많이 쓰였던 타일이 다양한 도자기로 복원되게 되었습니다. 빅토리아 왕조 시대 타일은 장식용만이 아니라, 위생 환경에 공헌하는 건축 재료로 주목을 받았습니다.

영국의 국회 의사당, 교회나 관청 바닥, 호텔이나 역사, 점포, 병원 등에는 아름다운 빅토리안 타일이 쓰였습니다. 물론 일반 주택에서는 사치스러운 일이었지만, 중산 계급자들의 주택에는 집의 얼굴인 현관 어프로치 부분, 현관홀, 방의 포컬포인트(Focal point, 초점)인 난로 주변, 최신식 욕조 주변 등에 부의 상징으로 쓰였습니다. 단독으로 그림이 완성되는 것, 연작으로 여러 매가 합쳐서 그림 무늬가 완성되는 것 등, 타일의 디자인은 매우 다양합니다. 타일이 아직은 사치품이었기 때문에, 실용성만이 아니라 장식성도 요구되었습니다.

커다란 타일만이 아니라, '빅토리안 플로어 타일', '모자이크 타일'이라 불리는 작은 타일도 빅토리아 왕조의 건축에 필수인 건축 재료로 인기를 모았습니다.

빅토리안 플로어 타일은 그 이름 그대로, 빅토리안 스타일의 건물에 많이 쓰인 바닥 타일입니다. 작은 타일을 조합해 좋아하는 형태의 오리지널 기하학 모양을 만들 수 있는, 무척이나 유니크한 건축 재료입니다. 처음에는 미술관이나 박물관의 입구홀에 사용되었으며, 서서히 일반 주택의 현관홀이나 현관 주변에 사용되게 되었습니다. 런던에 있는 빅토리아알버트 뮤지엄의 중앙 복도 아래의 바닥은 전부 빅토리안 플로어 타일로 덮여 있습니다.

✤ 타일로 장식된 멋진 교회의 바닥.

✤ 식물무늬 모자이크 타일　　　✤ 기하학적인 모양의 빅토리안 플로어 타일.

모자이크 타일은 장식용의 작은 타일을 말합니다. 1cm 정도로 작게 만든 타일로 모양을 만듭니다. 약간 큰 타일을 쪼개서 파편으로 모양을 만드는 경우도 있습니다. 장인의 기술력과 시간이 필요한 타일이기 때문에, 주택 데커레이션의 최고봉이라고도 일컬어지는 사치품이었습니다. 영국에서도 런던의 내셔널 포트레이트 갤러리(The National Portrait Gallery), 대영박물관(The British museum) 입구 등에 모자이크 타일이 사용되었습니다.

이러한 수요로 인해, 영국은 세계 제일을 자랑하는 타일 생산국으로 성장합니다. 잉글랜드 중서부 슈롭셔(Shropshire)의 아이언브리지 협곡(Ironbridge Gorge)에 위치한 '잭필드 타일 박물관(Jackfield Tile Museum)에는 빅토리아 왕조 최고 레벨의 장식 타일이 수집되어 있습니다.

그중에는 국회의사당 건축에 관여했던 오거스터스 웰비 노스모어 퓨진(Augustus Welby Northmore Pugin, 1812~1852)이 디자인한 타일, 모던 디자인의 아버지라 불리는 윌리엄 모리스가 고안한 타일도 있어, 방문자들의 눈을 즐겁게 해줍니다.

❦ (왼쪽)모자이크 타일로 장식된 복도.
❦ (오른쪽)계단 벽까지 시공된 사치스러운 빅토리안 타일 장식.

덜튼 건축 재료의 매력

빅토리안 왕조 시대의 중산 계급이 동경하던 건축 재료 중 하나로, 1815년 존 덜튼(John Doulton, 1793~1873)이 원래 고용주의 뒤를 이어 일으킨 덜튼 사의 건축 재료가 있습니다.

덜튼 사는 1830년 무렵부터 건축 재료 제작에 힘을 쏟기 시작했습니다. 굴뚝의 도자기관, 벽돌, 가든용 항아리 등 테라코타로 만든 건축 재료는 수많은 공공사업에 채용되었습니다. 1830년대 말부터는 화학 산업용 도자기 제품, 욕실 관련 위생 도자기 제작, 1840년대 후반부터는 수도관, 배수관, 하수관 제조에도 착수합니다. 영국의 대도시 지하 전체에 덜튼 도자기가 퍼지게 되었습니다.

런던의 램버스(Lambeth) 지구에 있던 덜튼 사의 공장에는 증기기관으로 가동되는 70개의 가마가 설치되어 있었습니다. 생산 규모가 커진 덜튼 사는 1877년, 공해 문제를 피하기 위해 대형 작품을 제조하는 공장을 잉글랜드 중부 스태퍼드셔(Staffordshire)의 스토크온트렌트(Stoke-on-Trent)로 이전했고, 램버스에서는 계속해서 장식용 소형 제품을 제조했습니다.

현재도 램버스에는 덜튼 사의 본사 사옥이 남아 있습니다. 외관을 장식한 벽돌, 그리고 다양한 색의 장식 타일로 뒤덮인 예술품처럼 장대한 이 건물은, 현재 렌탈 오피스로 활용된다고 합니다.

덜튼 사의 황금기를 만들었던 2대 사장 헨리 덜튼(Henry Doulton, 1820~1897)은 1897년 런던의 자택에서 사망한 후 웨스트 노우드(West Norwood) 묘지에 매장되었습니다. 그가 잠든 영묘(靈廟, 선조의 영혼을 모신

✤ (왼쪽)덜튼 사의 구 본사 빌딩. 타일 장식이 멋진 건물입니다.
✤ (오른쪽)그레이드 II 로 지정된 헨리 덜튼의 묘.

사당-역주)는 덜튼 사의 벽돌과 테라코타로 장식해 건축되었으며, 그레이
드 II 건물로 지정되었습니다.

외관과 인테리어를 보면
각기 다른 시대의 건축을 즐길 수 있는
셜록 홈즈 박물관

지금도 계속해서 드라마나 영화로 만들어지는 아서 코난 도일(Arthur Conan Doyle, 1859~1930)의 탐정 소설 셜록 홈즈(Sherlock Holmes) 시리즈 (1887~1927).

런던에는 바로 그 탐정 소설 주인공의 이름을 딴 '셜록 홈즈 박물관'이 있습니다. 소설 속에서 홈즈가 살았던 베이커 가(Baker Street) 221B. 빅토리아 왕조 당시, 이 거리에는 200이 넘어가는 번지가 없었고 어디까지나 가공의 설정이었으나, 홈즈의 인기가 높아지면서 훗날 이 번지가 만들어져 버렸으니 놀라울 따름입니다.

🖐 (왼쪽)박물관의 인테리어는 빅토리아 왕조 시대로 통일되어 있습니다.
🖐 (오른쪽)리전시 양식의 셜록 홈즈 박물관의 외관. 반지하, 베란다의 강철 등을 보면 시대를 알 수 있습니다.

　박물관은 그레이드 II 로 지정된 1815년 건축된 리전시 시대의 테라스 하우스로, 5층짜리 큰 건물입니다. 1860~1934년까지는 대여 건물로 실제로 사용되었습니다. 외벽 벽돌색은 런던다운 노란색이었으며, 위아래로 여닫는 타입의 상하창, 좁은 철제 베란다, 그리고 지하의 드라이 에어리어와의 경계에 배치된 아름다운 강철 울타리. 리전시 양식의 특징을 느낄 수 있는 멋진 건물입니다. 현관에는 그 시대의 특징인 6장 패널 문이 사용되었습니다.

　하지만 일단 건물 내부로 들어가면 완벽하게 리노베이션된 빅토리안 양식의 공간미가 펼쳐집니다. 실내 벽은 매트한 스모크 컬러로 칠해져 있으며, 계단의 아래쪽 벽에는 엠보싱 벽지 링크러스터도 사용되었습니다. 빅토리안 시대에 보급된 사치품인 융단, 커튼.

　소설에서 묘사된 홈즈와 왓슨의 생활이 충실하게 재현된 공간입니다. 홈즈와 왓슨의 뒷바라지를 해주는 집주인 허드슨 부인이 살던 1층 부분은 현재는 홈즈 관련 굿즈 판매장으로 되어 있습니다. 2층은 홈즈와 왓슨의 서재 겸 살롱. 3층은 왓슨의 방, 4층은 그들이 푼 사건들의 모습이 밀납 인형으로 재현되어 있습니다. 5층에는 여행을 떠나는 일이 많았던 홈즈답게 슈트케이스가 놓여 있으며, 다락방에는 당시의 화장실도 있습니다. 아래부터 위까지⋯ 테라스 하우스의 전모를 즐길 수 있는 내용으로 되어 있습니다.

❀ 홈즈와 왓슨의 방이 재현된 공간. 홈즈 팬의 성지입니다.

ⓐ 개성적인 아트 앤드 크래프트 디태치드 하우스

아트 앤드 크래프트(Arts and Crafts, 1880~1910)

빅토리아 왕조 시대 후기, 공업화의 진보에 의해 건축 재료와 가구 등이 기계로 대량생산되기 시작했으며, 목재와 장인의 기술을 중요시하지 않게 됩니다. 이런 사태에 반발하며 장인이 직접 만든 작품의 아름다움을 널리 알리고자 하는 아트 앤드 크래프트 운동이 시작됩니다. 이 운동의 중심인물은 영국의 예술가이자 디자이너인 윌리엄 모리스였습니다. 그는 전통적 수법과 재료를 사용해 최고 품질의 물건을 만들고자 했습니다. 모리스의 활동은 그 후 수많은 건축가와 디자이너에게 지대한 영향을 미치게 됩니다.

아트 앤드 크래프트 스타일 건물의 특징은 고딕과 튜더 양식의 요소에 장인의 여유를 더한 것이 많았습니다. 현관문이나 금속 장식 하나도 그 집만을 위해 장인이 직접 만드는 등, 어떤 의미로는 하나의 핸드메이드 아이템으로 만들어진 고급 주택이라 할 수 있을 것입니다.

심플한 문

패널을 나누지 않고, 두꺼운 판을 수직으로 세우고 얇은 나무판으로 요철만 추가한 심플하고 중후한 느낌의 문이 유행했습니다. 위쪽에 유리가 들어가는 경우에는 색이 들어간 유리가 주로 이용되었습니다.

스테인드글라스

창문 위 등에 설치되었습니다. 아트 앤드 크래프트 건물에서 볼 수 있는 스테인드글라스는 디자이너가 특별히 공을 들여 작업한 것입니다. 식물의 무늬를 이미지화한 것이 주류였습니다.

물받이의 집수기

가로와 세로 물받이의 연결 부분에 있는 집수기는 금속 세공으로 만들어져 있으며, 연호나 식물무늬, 오너나 디자이너의 이니셜이 새겨지는 등, 디자인 요소가 풍부하게 만들어졌습니다.

수제 느낌이 확 나는 가구와 장식으로 가득한 방. 벽 장식으로 타일도 사용되었습니다.

(The Building News/1876년 11월 17일)

벽지

프린트가 아니라 나무판에 손으로 인쇄한 벽지가 인기였습니다. 오프화이트(Off-white, 약간 회색이나 황색을 띤 흰색-역주)나 크림색 바탕 위에 단색으로 디자인한 심플한 것부터, 윌리엄 모리스가 좋아하던 식물무늬 텍스타일이 인기를 모았습니다.

손잡이

문의 노브나 손잡이, 경첩 등에 주철을 검게 칠한 것이나 진주 등이 이용되었습니다. 식물을 모티브로 한 것이 주체였으며, 두꺼운 판으로 만든 문에는 경첩이 가로로 길게 디자인되었습니다.

작은 창

기하학적인 형태의 것이나, 원형의 소형 창이 인기를 모았습니다.

난로

나무 프레임으로 만든 심플한 난로에는 상부에 장식 선반을 달았습니다. 양쪽 옆에 선반이 달려 있는 주문 가구가 유행했습니다. 아궁이 부분은 주철이었으며, 양쪽 옆은 타일로 장식했습니다.

아트 앤드 크래프트
'레드 하우스'

윌리엄 모리스. 시인이자 작가, 인테리어 디자이너, 염색 공예가, 번역가, 출판 프로듀서, 표지 디자이너, 사회주의자, 환경 보호와 역사적 건조물 보존 운동가… 다채로운 얼굴을 지닌 인물이었습니다. 1859년, 모리스는 결혼을 계기로 친구인 필립 웨브(Philip Speakman Webb, 1831~1915)에게 신혼집 설계를 의뢰합니다. 모리스와 웨브는 1860년 자신들의 이상을 담은 붉은 벽돌집 '레드 하우스(Red House)'를 현재의 런던 벡슬리

🏠 모리스가 사랑한 레드 하우스.

(Bexley) 구 한 모퉁이(당시에는 켄트 주)에 완성합니다. '세계에서 가장 아름다운 집'이라 불린 레드 하우스에 어울리는 가구 집기류를… 찾던 그들은, 결국 가구도 디자인하기로 합니다.

산업 혁명으로 인해 가능해진 대량 생산으로 시장에 범람하는 저속한 제품을 혐오했던 그들은, 중세를 본받아 수작업과 아트를 융합하는 예술 활동 '아트 앤드 크래프트 운동'의 선구자가 되어갑니다. 1861년부터는 단테이 게이브리얼 로세티(Dant Gabriel Rossetti, 1828~1882), 에드워드 콜리 번 존스(Edward Coley Burne Jones, 1833~1898) 등도 레드 하우스 인테리어에 관여하게 되었으며, 모리스를 시작으로 한 7명의 설립 멤버는 실내 장식 일체를 취급하는 '모리스 마셜 포크너 상회'를 설립합니다.

하지만 모리스는 겨우 5년 만에 레드 하우스를 포기하게 됩니다. 높은 평가를 받으며 런던에서 하는 일이 많아지자, 레드 하우스의 입지가 커다란 부담이 되었던 것입니다. 당시의 가장 가까운 역에서 런던까지는 편도 4시간 가까이 걸렸던 모양입니다. 그리고 소지했던 주식이 폭락하면서, 회사의 경영이 힘들어지고 레드 하우스를 유지하는 것이 사치스러운 일이 되어버린 것도 원인 중 하나였습니다. '레드 하우스'는 모리스를 위해 지어진 최초이자 유일한 집이 되었습니다.

자연에 둘러싸인 레드 하우스를 방문하면… 이상에 불타던 모리스와 그 동료들의 정열에 휩싸이는 듯한 기분이 듭니다. '도움이 되지 않는 것과 아름답다고 생각되지 않는 것은 집에 둬서는 안 된다.' 모리스의 이 말은 현재의 우리에게 던져진 것은 아니었을까요.

아트 앤드 크래프트 집들을 돌아보는 이야기
『포사이트 가 이야기』

1921년에 간행된 『포사이트 가 이야기(The Forsyte Saga)』는 노벨상 작가인 존 골즈워디(John Galsworthy, 1867~1933)의 장편 연작 소설입니다. 2002년에는 영국에서 드라마로 제작되기도 하였습니다.

이야기의 무대는 19세기 말의 런던. 자산가 포사이트 일족의 장남 졸리온은 장사꾼 일가 중에서는 유별나게 예술을 사랑하는 사람이었습니다. 그는 딸인 준의 가정교사와 눈이 맞아 지위도 재산도 버리고, 부인과 딸만 남기고 도망쳐 버립니다. 그로부터 9년 후, 분가의 장남인 졸리온의

🔹 문 하나에도 손으로 만들었다는 느낌이 감도는 아트 앤드 크래프트 장식.

종형제 솜즈 포사이트는 휴양지에서 만난 아름다운 여성 아이리니에게 첫 눈에 반해 청혼합니다. 예술을 사랑하는 아이리니와, 회화를 투자의 대상으로밖에는 보지 않았던 상인 솜즈. 성격이 맞지 않음을 느끼면서도, 경제적인 사정으로 괴로운 입장에 있던 아이리니는 그의 청혼을

🌸 아름다운 식물무늬 스테인드글라스를 통해 부드러운 빛이 내리쬐고 있습니다.

승낙하고, 런던으로 옵니다.

하지만 아이리니는 남편을 생리적으로 받아들이지 못하고, 서서히 마음을 닫게 됩니다. 부인을 맹목적으로 사랑하는 솜즈는 부인의 사랑을 얻기 위해, 런던 교외의 로빈 힐에 커다란 땅을 사들이고 신혼집을 만들기로 결심합니다. 건축가로는 종형제의 딸이자 아이리니와 사이가 좋았던 쥰의 약혼자인 포시니를 기용. 그는 아트 앤드 크래프트 사상을 지닌 신진 건축가였습니다.

포시니의 고집 때문에 집 건축은 난항을 겪었고, 예산도 점점 늘어만 갔습니다. 게다가 예술에 대해 서로 얘기를 나누면서 아이리니와 포시니가 급속도로 서로 이끌렸고, 윤리에 어긋나는 길에…. 언덕 위에 지은 모던 건축 건물. 집과는 반대로 붕괴를 향해가는 부부. 로빈 힐의 집은 건축 예산이 견적을 훨씬 초과했고, 부인을 빼앗겼다는 원한도 겹쳐지면서 솜즈가 포시니를 기소하게 됩니다. 재판에 진 포시니는 재산을 잃고, 실의에 빠진 채로 밤거리를 방황하다가 불의의 사고에 휘말리고 맙니다.

포시니의 유작이 된 로빈 힐의 집은 그 후에도 포사이트 일족이 물려받게 되었으며, 이야기의 중요한 키포인트가 됩니다.

에드워디안 양식(1901~1918)

에드워드 7세(Edward VII, 1841~1910)의 즉위부터 제1차 세계 대전이 시작될 때까지 시기의 건축을 에드워디안(Edwardian) 양식이라 부릅니다. 빅토리아 왕조 시대는 근엄한 빅토리아 여왕의 성격과 종교열의 고양으로 사회도덕이 엄했던 것에 비해, 에드워드 7세 시대는 그의 밝고 자유분방한 기질이 영향을 미쳤는지 비교적 도덕관념이 느슨한 풍조가 되었습니다.

영국 사회는 새로 시작된 세기에서, 제1차 대전이 터지기 전까지의 짧은 시간 동안, 우아하게 자유와 번영을 구가할 수 있었던 것입니다. 어떤 의미로는 최고의 품질을 자랑하는 영국 주택이 건축될 수 있었던 것은 그런 에드워디안 시대가 있었기 때문이라는 시각도 있습니다.

☗ 에드워디안 양식의 세미 디태치드 하우스.

건축도 양식에 대해 격렬한 논쟁이 없었으며, 더 자유로운 절충주의 건축이 주를 이루어 더욱 사치스러운 쾌적함이 추구되었습니다. 다만 근대화되는 추이도 있었기 때문에, 디자인은 비교적 심플한 경향이 되어갔습니다.

✽ 에드워디안 양식 건축 재료의 특징

지붕 용마루의 장식 테라코타

빅토리아 왕조 이후로 지붕 꼭대기에 장식 요소가 풍부한 테라코타 타일을 씌우는 것이 유행했지만, 그런 디자인은 에드워드 왕조에 들어서면서 심플해졌습니다. 맞배지붕 끝에는 계관(닭벼슬) 모양을 한 장식을 볼 수 있게 되었습니다.

장식 박공널(bargeboard)

빅토리안 양식처럼 정교한 디자인은 기세가 꺾이고, 심플한 판만 붙이는 장식으로 변화했습니다. 맞배지붕 끝에서 박공널 아래까지 지주가 매달려 있는 것 같은 디자인이 특징입니다.

더블 행

상하창은 지금까지 한 장만 위아래로 움직일 수 있었는데, 이 시대부터는 두 개의 창 모두 상하 이동시킬 수 있게 되었습니다. 가장 유행했던 창문 디자인은 위쪽이 유리 6장이고 아래쪽이 유리 2장으로 된 것이었습니다.

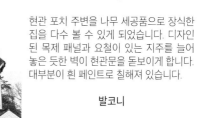

포치

현관 포치 주변을 나무 세공품으로 장식한 집을 다수 볼 수 있게 되었습니다. 디자인 된 목제 패널과 요철이 있는 지주를 늘어 놓은 듯한 벽이 현관문을 돋보이게 합니다. 대부분이 흰 페인트로 칠해져 있습니다.

발코니

현관과 돌출창에서 이어지는 것으로, 그 위에 손잡이 격자가 디자인된 발코니 공간 은 프렌치 도어로 실내와 연결되어 있습니 다. 목제이며 포치 장식과 맞춘 디자인이 아름답고 페인트 도장으로 마무리되어 있 습니다.

장식문

더욱 장식이 화려하고 패널이 복잡해졌습니 다. 상하와 가로 3열로 나눈 패널링의 상부에, 유리나 스테인드글라스를 끼워 넣어 디자인 한 문이 인기였습니다. 그 외에는 패널의 테두 리 장식을 더욱 복잡하게 강조한 디자인이나, 4각 위에 반원을 얹은 형태의 패널워크에 유 리를 끼워 넣은 것, 이런 것들을 더 분할해 복 잡하게 만든 것 등 종류는 풍부합니다.

타일 포치

기하학적인 모양으로 디자인된 흰색과 검정색의 타일 이 현관까지의 어프로치에 쓰였습니다. 현관홀에도 흑 백 디자인이 유행했습니다.

헤링본(Herringbone) 무늬 붙이기

18세기 초에 인기를 끌었던 오크 소재 등을 사용한 목재 플로어링 접착이 복각됩니다. 물고기 뼈 형태와 비슷하 기 때문에 이런 이름이 붙게 되었습니다.

🏛 크라이스트처치 대성당의 첨탑 루칸.

채광용 창문 도머

도미(dormer)란 집의 다락방 공간에 빛과 바람을 받아들이기에 유효한
창문의 형태를 말합니다. 어원은 중세 프랑스인이 침실을 '도미토리'라
부르는 데서 온 모양입니다.

도머를 설치하면 다락방의 공간도 넓어집니다. 그 형태는 여러 가지이

⚓ 1층짜리 주택에 설치된 채광용 도머.

며, 지붕 면에 설치하느냐와 외벽 면에 이어서 설치하느냐에 따라 크기
와 완성 방식도 다양합니다.

도머는 건물의 외관에도 크게 영향을 미칩니다. 영국에서 도머는 16
세기경부터 사용되기 시작했다고 합니다. 도머의 발단은 고딕 양식의 교
회나 대성당 첨탑에 환기용으로 쓰이던 지붕에 달린 가늘고 긴 창이었습
니다. 옥스퍼드에 있는 크라이스트처치 대성당(Christchurch Cathedral)의
첨탑 루칸에서 지금도 그 형태를 볼 수 있습니다.

도머는 코츠월즈 등의 돌을 쌓아 만든 집에서도 많이 볼 수 있습니다.
옛날 집은 2층 높이까지 벽을 쌓아올릴 수 없었기 때문에, 1층 높이로 2
층 방을 만들기 위해 도머를 설치했던 모양입니다. 또, 주거지의 다락방
에 도머를 달면 다락방을 창고가 아니라 작은 방으로 변화시켜 즐길 수
도 있었습니다.

『소공녀』에 등장하는 다락방

다락방은 평소에는 들어갈 수 없는 비밀의 장소, 뭔가 보물이 잠들어 있을지도 모르는 장소, 아이들에게 벌을 주는 방이라는 이미지 때문에 아동 문학 등에 가끔 등장합니다. 프랜시스 호지슨 버넷 (Frances Hodgson Burnett, 1849~1924)이 1888년에 쓴 『세라 크루(Sara Crewe)』(훗날 『소공녀(小公女, A Little Princess)』로 제목 변경)는 그 대표격이라고 할 수 있는 이야기입니다. 런던의 여학교의 특별 학생으로 교장인 민친 선생님의 총애를 받던 주인공 세라는 사랑하는 아버지를 잃고 무일푼이 되어, 유복한 아가씨에서 학교의 하인으로 처지가 변해버리고 맙니다. 이때 받은 방이 바로 다락방이었습니다. 이것은 그녀의 참혹한 환경을 표현하는 중요한 장소로 묘사됩니다.

19세기에 유행한 건축 양식으로 만들어진 가옥은 지하에 부엌과 작

⚜ 실내에서 본 도머. 작지만 빛의 효과는 절대적입니다.

업실, 1층에 식당과 거실, 2층이 주인의 침실, 아이들 방, 3층 또는 다락방에 하인들의 침실이 있었습니다. 세라에게 주어진 다락방의 벽은 매우 얇고 더러웠으며, 난로의 불받이 막대도 녹슬어서 쓸 수 없는 상태, 가구도 낡은 것이었습니다. 지붕에는 창문이 있긴 했습니다만, 거기서는 구름 낀 런던의 회색 하늘만이 보일 뿐. 그런 환경에서도 세라는 열심히 상상했고, 자신을 바스티유 감옥에 갇힌 죄수로 생각하면서 원래의 자신을 잃지 않도록 굳게 다짐하며 살아갔습니다. 그렇게 고생하는 세라를 보다 못한 이웃집의 하인이, 지붕에 난 창문으로 몰래 따뜻한 요리나 부드러운 모포 등을 가져다주며 세라를 도와줍니다.

그 후 이웃이 돌아가신 아버지의 친구였다는 사실이 판명되고, 세라는 원래의 유복한 세계로 돌아가게 됩니다. 그 계기가 된 것은 옆집의 원숭이가 우연히 천장의 창문을 통해 세라의 방으로 들어온 일… 이므로, 다락방의 역할은 매우 큰 것이었다고 할 수 있습니다.

⚑ 지붕에서 튀어나오듯이 설치된 작은 도머.

⚑ 병자의 머리 위의 도머에서 내리쬐는 빛이 보이므로, 병실이 다락방임을 알 수 있습니다(1850년판).

제4장
리노베이션

리노베이션의 규칙

각각의 가족 형태나 지역, 그리고 건축 양식 취향을 배려해 선택한 내 집이라 해도, 영국의 집은 기본적으로 신축이 아니기 때문에 살기 시작하면 여기저기서 문제가 생기는 것이 보통입니다.

그 물건의 가치를 올리거나 더 살기 편하고 아늑하게 만들기 위해, 영국인은 사는 집을 그대로 두지 않고 수시로 리노베이션을 통해 집의 가치를 확보합니다.

이 장에서는 구입한 집의 리노베이션(Renovation)에 대해 다뤄보도록 하겠습니다.

✿ 리스티드 빌딩

영국에서는 설령 개인 소유의 집이라 해도, 개인이 마음대로 리노베이션할 수는 없습니다. 소유주가 마음대로 집을 개장할 수 없도록 하기 위한 규칙이 존재하기 때문입니다. 지역 특유의 경관을 지키기 위해, 건물의 외관을 보호하는 규칙이 '보존 지구(109쪽)'입니다. 그리고 인테리어를 포함한 건물 그 자체를 직접 보호 지정하는 것이 '리스티드 빌딩(Listed Building)'이라 부르는 제도입니다. 건축물의 역사적 중요 가치가 인정되면 나라가 '리스티드 빌딩'으로 지정해 건물을 보호합니다. 이렇게 지정된 건축물은 함부로 부수거나 개장이 허용되지 않습니다.

영국 전토의 건물 전체의 약 2%가 리스티드 빌딩으로 지정되어 있습니다. 리스티드 빌딩을 관할하는 조직은 잉글랜드, 웨일즈, 스코틀랜드 각각에 존재하며, 실제로 사람들이 사는 집의 중·개축 등은 각각의 지방 행정에 맡기고 있습니다.

리스티드 빌딩으로 지정된 건축물에는 성이나 궁전, 미술관, 다리, 조각상, 묘지까지 포함되어 있습니다. 2010년 시점의 조사에 의하면, 잉글랜드에는 37만 4081건, 웨일즈에는 2만 9925건, 스코틀랜드에는 4만 7649건이 등록되어 있습니다. 그중에서도 그레이드 I, II*, II로 랭크가 나뉘어 있습니다.

그레이드 I로 지정된 것은 국제적으로 중요하다고 생각되는 건물로, 등록 건물 전체의 약 2.5%인 약 1만 건(잉글랜드 예)을 점유하며 웨스트민스터 사원이 여기에 속합니다. 그레이드 II*는 특별한 의미를 가진 중요한 건물로 간주되는 것으로, 그리니치천문대를 포함하여 전체의 5.5%(잉글랜드 예)를 점유합니다. 그리고 리스티드 빌딩의 대부분인 그레이드 II는 국가적 중요성과 특별한 이익이 있는 건물로, 여기에는 일반 주거지도 다수 해당됩니다.

이런 지정된 건물들은 인터넷에 전부 공개되어 있으며, 누구나 자유로이 확인할 수 있습니다. 이 제도의 기원은 1882년 고대 기념비 보호법까지 거슬러 올라가지만, 현재 리스트의 기초는 전쟁 후 복구 시 건물을 현상 보호할 필요가 있는가를 판단하기 위해 작성된 모양입니다. 당시의 기준은 중세의 교회나 귀족의 저택 컨트리 하우스 등, 1750년 이전의 건물이 대상이었습니다.

그 후, 몇 번인가 리스트가 재검토되면서 현재는 그 범위가 묘비처럼 작은 구조물도 포함되게 되었으며, 현대적인 건물도 포함해 평가하게 되었습니다. 그레이드Ⅱ로 지정된 재밌는 예로, 비틀즈(Beatles)의 앨범 『애비 로드(Abbey Road, 1969)』의 재킷 사진에서 멤버들이 건너는 횡단보도가 있습니다. 이렇게 건축물만이 아니라 횡단보도도 대상이 되는 것입니다.

그럼 리스티드 빌딩에 사는 사람들이 증·개축을 바랄 때, 개장은 허가되는 걸까요. 리스티드 빌딩의 법령에 따라 개장하는 것은 가능하지만, 규제가 없는 집보다 복잡한 절차를 밟아야만 합니다. 실제로는 그 집들의 상황을 고려하며 판단하는 모양입니다.

증·개축 예가 많은 것은 문이나 창문의 교환, 구조 변경을 위한 내벽 제거, 난로 변경 등입니다. 도면 및 기타 지정된 필요 서류를 지방 행정부에 제시하고, 허가(유료)를 받을 필요가 있습니다. 허가 여부는 보통 8~11주 정도 후에 통보되며, 만약 허가가 나지 않았을 경우에는 반 년간의 이의 신청 기간이 주어집니다. 허가 없이 증·개축할 경우에는 위법으로 간주되어, 원래 상태로 되돌려 놓아야 합니다. 허가가 내려질 때까지는 각각의 지방 자치 단체의 전문 담당자가 필요한 어드바이스를 해줍니다. 그리고 허가가 내려진 후에도 공사 진척 상황(제출 도면과 다른 부분은 없는지, 다른 건축 재료를 사용하진 않았는지)을 체크하러 옵니다.

그럼 막상 리노베이션할 때 필요한 재료 등은 어디서 구해야 하는 걸까요. 영국에서는 지은 지 100년 이상 된 집에 사는 사람이 많고, 1914년보다 이전의 건물에 1000만 명 이상의 국민이 산다고 합니다. 그렇다면 '이 집은 조지안 양식의 건물이니, 조지안 난로가 필요해', '집 지붕이 무너져서 보수하고 싶은데, 같은 연대의 돌지붕이 필요해' 같은 수요가 필연적으로 다수 발생합니다.

그 집에 맞는 수리나 리노베이션을 희망할 경우, 재료를 얻기 위한 장소가 바로 '리클러메이션 센터(Reclamation Center)'라 불리는 앤티크 및 리사이클 건축 재료 판매소입니다. 리클러메이션 센터는 기본적으로 교외에 있으며, 마당에 놓여 있는 외부 재료부터 외벽 재료나 지붕 재료용 돌, 벽돌, 굴뚝, 바닥재, 들보, 난로, 문 등 실내외의 대형 소재를 취급합니다.

'보존 지구'나 '리스티드 빌딩'으로 지정된 집의 주인은 원하든 원치 않든 리노베이션을 희망할 경우 지

❦ 외관에 쓰였던 다양한 벽돌과 석재. 마음에 드는 것을 찾아봅시다.

※ (왼쪽)마당에 쓰였던 장식품 등도 리노베이션에는 빼놓을 수 없는 물품입니다.
※ (오른쪽)난로부터 시작해서 다른 실내의 앤티크 건축 재료도 구할 수 있습니다.

정된 시대의 건축 재료가 필요합니다. 구하고 싶은 연대의 재료를 찾기 위해, 사람들은 여러 곳의 리클러메이션 센터를 돌아다니기 도 하는 모양입니다. 외벽재의 경우는 연대만이 아니라 장소에 따라서도 색 등의 겉모양이 달라지기 때문에, 원하는 재료를 찾으면 감동마저 느껴질 정도라고 합니다.

영국에서는 어떠한 사정으로 집을 허물게 되면 그 집에서 나온 건축 재료는 버리지 않고 이렇게 가게에 판매해 보존합니다. 최근 에는 오래된 건축 재료는 인터넷에서도 판매하므로, 옛날보다 희 망하는 건축 재료를 찾기 쉬워졌다고 합니다. 앤티크를 사랑하는 영국인에게 앤티크 집의 긴축 재료를 찾는 것은 특별한 일이 아닌 모양입니다.

✤ 집의 메인터넌스는 스스로 한다

대상 물건이 규제 물건이 아니라 해도, 지은 지 몇십 년, 몇백 년이 지난 집에 사는 영국인에게 집의 메인터넌스(Maintenance, 유지·보수)는 필수이며, DIY는 일상다반사입니다. 그렇게 되면 건축 재료나 공구를 입수할 수 있는 장소인 홈 센터의 수요도 높아집니다. 영국인의 DIY 스킬은 굉장히 높은 수준이며, 자격이 필요한 가스 등의 배관 공사 이외에는 스스로 해버리는 사람도 드물지 않습니다.

집은 재산이며, 가치를 올리는 것도 내리는 것도 그 집에 사는 사람에게 달려 있는 경향이 있는 영국의 주택. 평가는 건축 년도만이 아니라, 집의 상태에 따라서도 달라집니다. 그렇기에 메인터넌스가 필요한 것입니다.

낡은 집에 살면 항상 어딘가에서 문제가 발생할 가능성과 함께 지내지만 영국의 업자는 전화한다고 바로 달려와 주지 않기 때문에, 직접 할 수 있는 건 직접 해결한다… 는 사회 풍토가 있습니다. 영국인의 DIY 시즌은 해가 길고 따뜻한 봄과 여름, 그리고 사람들이 모이는 크리스마스 직전이라고 합니다.

✤ 영국의 홈 센터

그런 영국인이 필요한 물품을 구입할 때 가장 편하게 이용하는 것이 영국의 '홈 센터'에 해당하는 'DIY 샵(DIY SHOP)'입니다. 사실

🔖 (왼쪽)영국 전토에 체인점이 있는 DIY 홈 센터 'B&Q.'
🔖 (오른쪽)자유로이 가져갈 수 있는 컬러 칩. 종류는 놀라울 정도로 풍부합니다.

이 DIY 샵은 일본의 홈 센터와는 내용이 약간 다릅니다. 일본인이 애용하는 '홈 센터'는 건축 재료나 공구만이 아니라 일용품이 절반 이상을 점거하는 장소가 많으며, 화장지 등의 소모품, 문방구, 간이 가구 등도 구비되어 있습니다. 건축 재료와 공구만을 취급하는 전문점에 일반 사람이 방문하는 일은 별로 없습니다.

그에 비해 영국의 DIY 샵은 집 그 자체에 관련된 것만 취급합니다. 건축 재료, 문, 도료, 벽지, 타일, 손잡이 등의 금속 장식, 조명, 난로, 부엌 등에 쓰이는 수도 관련 용품, 거기에 필요한 공구도 포함해 배리에이션도 풍부합니다.

영국인에게 가장 친근한 리노베이션은 내부의 벽을 건드리는 것입니다. 저 예산으로 가볍게 도전할 수 있기 때문에, 벽지와 도장용 페인트 종류가 매우 충실하게 구비되어 있습니다.

벽지는 색깔별로 분류되어 진열되어 있으며, 각 색깔별로 수십

⚜ 난로 주변의 색을 검토 중. 샘플 페인트를 실제로 칠해서 색을 확인합니다.

종류가 넘는 다양한 디자인이 준비되어 있습니다. 각 상품의 옆에는 개봉해둔 롤이 놓여 있으며, 샘플로 자유로이 원하는 길이를 잘라서 가지고 갈 수 있습니다. 일본에서는 샘플을 제작사에 직접 부탁해도 A4 사이즈의 샘플만 받을 수 있습니다. 영국에서는 롤폭 그대로 원하는 길이만큼 무료로 가져갈 수 있으므로, 구입 전에 음미해볼 수 있어 무척 큰 도움이 됩니다.

도장의 경우는 벽지 이상으로 보급률이 높기 때문에, 도료 색깔 배리에이션이 수백, 수천 단위로 준비되어 있습니다. 그 정도의 배리에이션이 있음에도 불구하고, 오리지널 페인트 믹스 머신 같은 것이 놓여 있어 원하는 미세한 색이 나올 때까지 스스로 만들어볼 수도 있게 되어 있습니다.

이러한 매장에서는 스태프에게 말하면 기계를 사용해 오리지널 샘플 팟도 만들어줍니다. 영국인은 신경 쓰이는 색깔 페인트를 샘플 팟(100ml)으로 구입하고, 칠하고 싶은 방에 시험 삼아 칠해보며 며칠에 걸쳐서 어떤 색으로 할 것인지를 검토합니다. 실제로 집의 벽에 칠하면 낮의 햇빛 속에서의 이미지와 맞는 색인지, 밤의 분위기에 맞는지 등 시간대에 따라 색이 어떻게 달리 보이는지도 고려할 수 있으며, 확인한 후 원하는 색의 페인트를 구입할 수 있습니다. 집에 대한 관심도가 홈 센터의 충실도에 그대로 반영되어 있는 것입니다.

리노베이션 방법

그렇다면 영국인은 얻은 정보나 구입한 건축 재료를 이용해 실제로는 주택을 어떻게 리노베이션하는 걸까요. 각 장소의 리노베이션 예를 들어보도록 하겠습니다.

현관 부근 · 외관 리노베이션

영국의 집의 외관은 거리를 통일하기 위해 지역 단위로 같은 건축 재료를 사용하는 경우가 많으며, 집주인의 생각만으로 특별하게 개수하는 것은 일본보다 훨씬 어렵습니다. 특히 테라스 하우스나 세미 디태치드 하우스는 양 옆과 똑같이 만들어져 있기 때문에, 개성을 드러낼 수 있는 것은 '현관 부근'에 한정됩니다. 문의 색, 디자인, 문 부근의 장식, 현관 포치의 타일, 울타리… 건물의 구조와 관계없이 변경이 가능한 현관 부근의 리노베이션은 무척 인기가 좋습니다. 주인, 그리고 방문객에게 현관 부근만이라도 이웃집과는 다른 변화를 주게 되면 자신의 집이라는 표시가 되기도 하며, 애착도 생겨납니다.

'현관'은 사람을 집밖에서 안으로 불러들이는 중요한 장소입니다. 방문객이 인터폰을 누르고 기다리는 시간, 주인이 열쇠를 여는 시간 동안 그곳은 멈춰 서 있는 장소가 됩니다. 현관문, 현관 부근이 주는 인상이 매우 크다고 생각하는 영국인이 많으며, 집안과 밖의 연결성을 의식하며 리노베이션을 계획합니다.

참고로 영국의 집은 신발을 신고 들어갑니다. 신발을 벗어두는 공간이 필요하지 않기 때문에, 문은 일본과는 다르게 안쪽으로 열립니다. 문을 바깥쪽으로 당겨 집으로 들어갈 필요가 없으므로, 현관 손잡이가 없는 집이 많은 것도 재밌는 부분입니다. 대부분의 사람들은 문 그 자체를 밀고 집으로 들어가지만, 개중에는 장식용 손잡이를 달아두는 집도 있는 등 문

✿ 이웃한 집이라 해도 문의 색이나 디자인. 포치 타일에 따라 인상이 완전히 달라집니다.

에도 개성이 드러납니다.

문 패널 양식에도 신경 쓰는 사람이 많고, 조지안 건물이라면 6장 패널 문, 빅토리안 건물이라면 4장 패널 문으로 통일해야 한다며 문을 교체하는 사람도 많이 있습니다.

또, 도심의 테라스 하우스에서는 도로에서 현관까지의 어프로치가 짧고 프론트 가든이 없기 때문에, 현관 근처나 창문 근처에 플랜터(planter, 식물 재배용 용기-역주)를 배치해 식물을 심어 외부의 녹음과 연결성을 갖도록 만듭니다.

규제가 걸려 있는 지역이 아니라면 외벽 도장으로 개성을 드러내는 것이 가능합니다. 연속되는 집에서는 외벽의 색으로 어디서부터 어디까지가 자신의 집인지 판단할 수 있는 경우도 있으므로, 하나의 테라스 하우스가 여러 가지 색의 페인트로 칠해진 예도 볼 수 있습니다. 하나의 건물처럼 보이지만 두 집인 세미 디태치드 하우스도 마찬가지입니다.

　기본적으로 중고 물건이기 때문에, 현관 어프로치 부분에 깔려 있던 빅토리안 플로어 타일이 빠지거나, 더러워지거나 엉망이 되어버린 경우도 있습니다. 어프로치 부분의 타일을 다시 깔면 현관 부근이 밝고 호화로워지며, 집의 자산 가치가 올라가기도 합니다. 쇠 울타리도 마찬가지입니다. 녹슬거나 도장이 벗겨져 있으면 집의 인상이 나빠져 버리기 때문에, 적당히 메인터넌스해야 하는 것입니다.

　빅토리아 왕조 시대의 영국에서는 이사할 때 이웃집에 먼저 인사하러 가는 것이 아니라, 이웃 사람들이 찾아오기를 기다리는 관습이 있었습니다. 지나가던 사람들이 자기도 모르게 말을 걸고 싶어지는, 안으로 들어오고 싶어지는… 그런 집을 만들고 싶어 했습니다.

✿ (왼쪽)현관문을 건물 시대에 맞추는 것도. 자신의 취향에 맞는 디자인으로 바꾸는 것도 자유입니다.
✿ (오른쪽)현관 부근에 등나무 등의 덩굴을 뒤덮어 아름답게 연출.

🌢 난로의 양쪽 사이드에는 사용하기 편하도록 주문 제작해 맞춘 가구가 있습니다.

🌿 포컬 포인트(Focal point)의 난로

영국의 집은 어떤 타입의 집이든 각각의 방 중심에는 거의 난로가 있습니다. 난로의 불꽃 외에는 집을 따뜻하게 할 수단이 없었던 시대, 사람들은 항상 방 안의 난롯가에 모여 생활했습니다. 영국의 겨울은 길어서, 10~5월 정도까지 난로가 필요한 경우도 있습니다. 그렇기에 난로는 사람들이 모이기 편한 장소, 방의 중심부에 설치하는 것이 기본이었습니다.

현재의 영국에서는 난로의 기능을 반드시 사용하는 것은 아니지만, 기능하는지 아닌지와는 별개로, 방의 중심에 난로가 존재하는 것은 영국 주택에서는 자연스러운 일입니다. 난로가 벽보다 앞으로 나오세 하는 설치 방법이 많고, 튀어나온 부분 양쪽 사이드 공간을 책장으로 쓰거나 TV를 두는 받침대를 만드는 등, 주문 가구를 설치해 데드 스페이스를 수납공간으로 살리는 경향이 있습니다.

난로처럼 방에 들어가면 가장 먼저 눈에 보이는, 인테리어의 핵이 되는 장소를 '포컬 포인트'라 부릅니다. 포컬 포인트를 어떻게 보여주느냐에 따라 그 집에 사는 사람의 취미와 기호를 알 수 있습니다. 그렇기에 난로 부근은 중요하며, 그곳이 잘 정돈되어 있으면 방 전체가 정리된 느낌을 주는 효과도 기대할 수 있습니다.

그렇기에 빅토리아 왕조 시대 영국인은 방의 포컬 포인트인 난로를 장식하는 것에 집착했습니다. 난로를 둘러싸는 맨틀피스(mantlepiece, 난로를 장식하는 부분 또는 장식된 난로-역주)도 목제나 대리석 등으로 정교하게 만들었습니다. 맨틀피스의 상부에는 전용으로 만든 거울이나 오버 맨틀이라 불리는 장식 선반을 달고, 도자기 등의 장식품을 늘어놓는 것이 보통이었습니다.

현재는 건물의 시대에 맞도록 클래시컬하게 정돈하거나, 양식과는 상관없이 자신의 취향에 맞게 정돈하거나, 난로를 쓰지 않고 막아버리고 가구를 두는 등, 그 장소를 다른 스타일의 포컬 포인트로 만들어버리는 다양한 선택지가 존재하지만, 저마다 포컬 포인트를 만들기 위해 노력합니다.

난로의 리노베이션은 난로의 화로를 바꾸거나, 맨틀피스를 바꾸거나, 장식 타일의 디자인을 변경하는 등 다양한 개성 표현법이 있습니다. 맨틀피스 위의 커다란 거울이나 오버 맨틀의 디자인, 커다란 그림을 바꿔 걸기만 해도 난로의 인상은 크게 변합니다.

난로를 사용하지 않는 가정에서도 사용하는 분위기를 연출하기 위해 화로 주변에 앤티크 청소 도구를 배치하거나, 난로불이 인간

❀ 난로와 거울의 조합은 빅토리아 왕조 시
　대부터 내려온 전통 스타일입니다.

❀ 난로 부분에 돌을 붙이고, 주변에는 좋
　아하는 것을 장식해 연출.

❀ 난로 부근은 식물을 장식하기에도 무척
　훌륭한 장소입니다.

❀ 심플한 라인의 난로. 맨틀피스는 필수
　아이템입니다.

에게 직접 닿는 일이 없도록 하기 위해 파이어 스크린을 두는 등, 마치 난로를 사용하는 것처럼 해두는 가정도 있습니다. 사람들의 난로에 대한 생각이 얼마나 강한지를 알 수 있습니다. 또, 난로를 사용하는 가정에서도 봄·여름에는 화로 부분에 커다란 꽃병이나 식물을 두는 등의 연출을 즐깁니다.

마음에 드는 장소가 된 난로의 맨틀피스 위에 있는 데커레이션을 즐기는 것도 영국인의 생활의 일부입니다. 취향의 그림을 장식하거나, 촛대를 세우거나, 소중한 도자기 인형을 장식하거나…. 크리스마스 시기에는 받은 크리스마스 카드를 난로 주변에 장식합니다.

🌿 윈도우 디스플레이

난로 다음으로 방의 포컬 포인트가 되는 존재로 들 수 있는 것이 바로 방 안에 배치된 창문입니다.

영국의 테라스 하우스의 방 구조는 건물의 긴 부분을 기준으로 프론트, 백 2개의 방을 두는 것이 기본형으로, 방의 네 군데 벽의 역할은 결정되어 있었습니다. 한쪽 면은 난로, 마당이나 길과 접하는 면은 창문, 한쪽 면은 방의 출입구, 그리고 프론트와 백 2개의 방을 구별하는 한쪽 면으로 구성되어 있습니다. 이런 기본 법칙은 세미 디태치드 하우스도 마찬가지입니다. 기본 위치는 변하지 않으므로, 리노베이션으로 고려할 수 있는 것은 프론트와 백을

🕊 (위)밝고 마당이 보이는 돌출창 쪽에 소파를 배치해
　마음에 드는 장소를 만듭니다.
🕊 (아래)깊이가 있는 창틀은 멋진 디스플레이 베이스가
　됩니다.

구별하는 벽을 뚫어
방을 하나로 만드는
오픈 플랜으로, 현
재의 영국에서도 인
기입니다. 그리고
대신할 수 없는 창
문의 존재는 난로와
함께 중요한 역할을
담당하게 됩니다.

　교외의 디태치드
하우스에서는 창밖
에 자랑하는 마당이
나 시골의 아름다운
전원 풍경이 펼쳐지
기 때문에 경치 자
체가 창문의 데커레
이션이 되지만, 도
심지에서는 쉽게 그
럴 수가 없습니다.
그렇기에 창문 부근
의 장식이 무척 중
요해집니다.

빅토리아 왕조 이전 영국에서는 천이 무척 고가였기 때문에, 실내에 커튼을 장식할 수 있었던 건 상류 계급뿐이었습니다. 석양이 무척 강한 영국에서는 아끼는 가구가 상하지 않도록, 그리고 겨울의 추위에서 몸을 지키기 위해서도, 커튼은 주택을 구입할 때 필수 아이템으로 동경의 대상이 되었습니다.

천은 가능하면 충분하게 사용하는 쪽이 좀 더 사치스러운 느낌을 연출할 수 있습니다. 당시에는 커튼의 세탁 등이 지금처럼 가능한 시대가 아니었으므로, 자락 쪽이 더러워지면 몇 년에 한 번씩 커튼 자락을 잘라내 다시 재봉하기도 했으므로, 처음에 만들 때 커튼 기장에 충분히 여유를 두는 것이 장려되었습니다. 1851년에 창문세가 폐지되면서 새로 짓는 건물에는 창의 숫자가 늘어났고, 커튼과 블라인드의 보급이 진전되기 시작했습니다.

영국식 커튼 거는 방식의 특징은 창 안쪽이 아니라, 창 위쪽에서 커튼을 거는 것입니다. 이렇게 함으로써 방이 더 넓어 보입니다. 그리고 커튼은 바닥까지 닿도록 걸어야 합니다. 이것은 겨울의 추위에 대한 대비책이기도 합니다. 커튼 상부에는 밸런스라 불리는 장식천이 달리는데, 창문을 액자처럼 아름답게 장식합니다.

일본에서 커튼은 빛을 차단하기 위한 천, 밖의 시선으로부터 집 안이 보이지 않도록 차단하기 위한 천으로 생각하기 때문에, 집을 구입할 때 커튼에 들이는 자금의 비율은 무척 낮다고 합니다. 커튼은 장식성보다 기능성이 요구되기 때문에, 차광 커튼도 인기입니다. 영국에서는 커튼의 장식성 쪽이 더 중요시되며, 밤이 되어도 커튼을 닫지 않는 가정도 많습니다. 크리스마스 시기에는 창문 너머로 크리스마스트리가 보이는 가정도 많으며, 지나가는 사람들의 눈을 즐겁게 해줍니다. 또, 낮은 창문틀에는 반드시라고 해도 좋을 정도로 꽃이나 소품들을 장식하는데, 장식하는 포인트는 안에서가 아니라 밖에서 봤을 때 예쁘게 보이도록 배치하는 것입니다. 이것도 크리스마스트리와 마찬가지로, 창문 부근의 디스플레이는 지나가는 사람들을 위한 것… 이라 생각하는 사고방식이 있기 때문입니다. 그야말로 '윈도우 디스플레이'라는 단어가 잘 어울리는 관습입니다.

도심부의 테라스 하우스는 창문 숫자가 적기 때문에 귀중한 돌출창 부근 공간에는 의자를 두고, 사람들은 낮에 그곳에서 독서를 하거나 편지를 쓰곤 했습니다. 창문 아래에 수납 기능도 겸비한 벤치가 설치된 사양도 인기가 있었습니다.

방으로서의 부엌

영국의 부엌과 일본의 부엌의 커다란 차이는 부엌을 프라이빗한 공간으로 생각하느냐, 퍼블릭한 공간으로 생각하느냐… 에 있습니다. 영국인의 내나수는 부엌은 게스트와 함께 공유하는 퍼블릭 스페이스로 생각합니다.

그렇기 때문에, 부엌도 하나의 방으로서 인테리어성이 요구됩니다. 표현의 장이기도 한 부엌은 자신만의 사양으로 리노베이션하

※ 디시 랙은 부엌의 포인트가 되기도 합니다.

는 수요가 있는 장소입니다.

　영국의 부엌에서 자주 볼 수 있는 것이 문이 없는 수납 선반입니다. 그곳에 표지가 예쁜 레시피 책을 놓거나, 손님들에게 보여주고 싶은 식기를 늘어놓기도 합니다. 선반 종류나 배치, 배열을 신경 쓰며 부엌 디자인도 결정합니다. 그리고 벽에는 좋아하는 색이나 디자인의 타일을 붙여 더 즐겁고 자신을 잘 나타내는 오리지널 공간으로 완성하는 것입니다. 그리고 부엌에 샹들리에를 거는 가정도 많습니다.

　디시 랙(Dish rack)이라 불리는 식기 건조대는 늘어놓은 식기 디

자인이 인테리어 효과도 있기 때문에 인기가 높은 아이템입니다.
건축 재료 판매점에서는 대중소 다양한 사이즈의 디시 랙이 판매
중입니다. 또, 천장의 대들보를 이용해 물건을 매다는 것도 인기
입니다. 자주 쓰는 냄비나 장식하기 좋은 바구니 등을 대들보에
걸어 두면 편리할 뿐 아니라, 부엌의 인테리어로도 훌륭한 역할을
수행합니다.

영국 요리는 대부분이 오븐으로 조리됩니다. 오븐 위는 조리용
난로지만, 난로에 뚜껑을 덮어 위판과 일체화시킨 디자인도 많이
볼 수 있습니다. 영국에서는 프라이팬으로 '볶거나', '굽는' 공정을
거치는 요리가 적기 때문에, 뚜껑이 달려 있다 해서 부자연스럽게
생각하는 사람은 적은 모양입니다. 이런 이유로 기름이 튈 가능성

이 적기 때문에, 부엌 부근에 장식품을 배치하기 쉽습니다.

식기 세척기의 보급도 진행되어 식기를 직접 씻지 않게 되면서, 부엌이 더러워질 일이 줄어들었기에 부엌의 작은 창에 아름다운 커튼을 장식하고 즐기는 가정도 많습니다.

식재료 보관은 우리처럼 냉장고에 하지만, 보존식을 저장해두는 팬트리(Pantry)라 불리는 작은 방 또는 전용 식기 선반을 배치해두는 집이 대다수입니다.

그리고 부엌 이외의 별개의 장소에 보존용 식재료를 넣을 수 있는 커다란 냉장고를 설치해둔 가정도 드문 편은 아닙니다. 갑자기 손님이 왔을 때도 자기 집 스타일로 대접하는 것이 미덕인 영국에서는, 부엌은 언제든지 사람이 들어갈 수 있는 상태일 것과, 최소한의 식재료를 항상 저장해두는 것은 필수입니다.

✿ (왼쪽)타일과 소품도 같은 계열 색으로 배치
  하면 통일감이 생깁니다.
✿ (오른쪽)사용하지 않을 때는 조리용 난로의
  뚜껑을 덮어두며, 환풍기도 수납함과 일체
  화되어 있습니다.

직물에 대한 고집
『크랜퍼드-여자들만의 마을』

엘리자베스 개스켈(Elizabeth Gaskel, 1810~1865)의 저서 『크랜퍼드
(Cranford)-여자들만의 마을(1851~52)』은 빅토리아 왕조 시대의 가공의
마을 크랜퍼드를 무대로, 이 시골 마을에서 살아가는 사람들의 일상을
그린 작품입니다.

크랜퍼드에서는 일상의 사소한 일이 마을 전체의 뉴스가 됩니다. 그해
여름의 뉴스는 젠킨스 가의 응접실에 훌륭한 융단이 깔린 일이었습니다.
융단은 빅토리아 왕조 시대의 서민들은 감히 쳐다볼 수도 없을 정도의
고가품이었습니다. 그렇기에 사람들은 작은 사이즈의 직물을 집안에서

🏵 바닥 한쪽에 커다란 융단을 깔아두는 것은 사회적 지위를 증명하는 것이기도 했습니
다. 융단 색과 벽지, 커튼 등의 색 조합을 맞춰두면 방에 통일감도 생깁니다.

소중하게 활용했습니다.

사치품인 융단을 구하긴 했지만, 융단을 더럽히는 것은 견딜 수 없다…. 이렇게 생각한 젠킨스 가에서는 모두가 융단을 보호하기 위해 온갖 고초를 겪습니다. 차양이 없는 창에서 오후의 강한 태양빛이 내리 쬐어 융단을 비추면, 빛이 닿는 장소에 곧바로 신문지를 펴 보호합니다.

사람들은 신문지 위에서 재봉을 하거나 독서를 합니다. 하지만 햇빛이 닿

♦ 계단에 융단을 까는 것도 사치스러운 연출입니다.

는 장소가 시간에 따라 변화하므로, 아무래도 어수선할 수밖에 없습니다. 15분에 한 번은 신문지를 놓는 장소를 바꿔야만 합니다. 심지어 집에서 파티를 열고 손님을 불렀을 때는, 오전 내내 손님의 신발 때문에 융단이 더럽혀지지 않도록, 손님 하나 하나를 손님용 의자까지 유도할 신문지 통로를 신문지를 잘라 붙여 만듭니다. 이래서야 대체 융단이 왜 있는 건지….

영국은 현재도 벽지나 가구, 커튼, 융단이 햇빛에 타는 것이 두려워 고가의 가구가 놓이는 식당은 북향으로 설치되는 경우도 많습니다.

팬트리의 필요성!
『차 마시러 온 호랑이』

쥬디스 커(Judith Kerr, 1923~)가 1968년에 발표한 『차 마시러 온 호랑이(The tiger who came to Tea)』는 현재도 영국에서 대인기인 그림책으로 알려져 있습니다.

어느 날, 소피와 어머니가 차를 마시러 하는데, "실례합니다. …차를 같이 마시게 해주시지 않겠습니까?"라며 털이 덥수룩한 호랑이가 들어옵니다. 어머니는 "네, 좋아요. 어서 들어오세요"라며 호랑이를 환영합니다.

애프터눈 티에 동석하게 된 호랑이는 두 사람이 권하는 대로 테이블 위에 있는 과자와 홍차를 전부 먹어치우지만, 아직 배가 고픈 모양이었습니다. 만드는 중이던 저녁 식사, 그리고 냉장고 안의 식재료, 찬장에 있던 음식물 전체를 먹어치워 버리고 맙니다.

덕분에 그 날 소피 일가는 집에서 저녁을 먹지 못하고, 집으로 돌아온 아버지의 제안으로 외식을 하게 된다… 는 판타스틱하고 미소가 지어지는 이야기지만, 이 짧은 스토리 안에는 빅토리아 왕조 시절 애프터눈 티의 마음가짐이 담겨 있습니다.

빅토리아 왕조의 애프터눈 티의 에티켓에 따르면, 갑작스런 손님에도 대응할 수 있어야 집안일을 잘하는 사람으로 여겨졌으며, 손님은 배를 채우고 돌아갈 수 있어야 했습니다.

호랑이라는 예상 밖의 손님으로 인해 식재료가 모자라진 않을까? 하며 잠시 당황한 어머니였지만, 다음 날 어머니는 다음에 언제 호랑이가 와도 괜찮도록 소피를 데리고 장을 보러 가서는 대량의 음식을 구입합니다. 커다란 캔에 든 호랑이 사료도요!

⬆ 최근에는 깔끔하게 수납되는 모던한 부엌도 인기입니다. 둘이 사는 부엌이라고는 생각
되지 않을 정도의 수납력. 항상 손님에 대비하고 있습니다.

    이러한 비축 식품을 수납해 두는 장소를 영국에서는 '팬트리(pantry)'라
부릅니다. 팬트리를 별도의 방에 설치하는 가정도 있으며, 소피의 집처
럼 찬장을 팬트리로 사용하는 경우도 있습니다. 팬트리는 주부에게는 마
음에 여유를 주는 공간입니다. 손님 접대 외에도, 악천후나 비상시에도
팬트리에 식재료가 채워져 있으면 당황하지 않고 버틸 수 있을 것 같습
니다.

☙ (왼쪽)새하얀 벽은 방을 밝아보이
게 합니다. 페인트로 칠하면 벽
지로는 낼 수 없는 느낌을 낼 수
있는 것도 좋은 점입니다.
☙ (오른쪽)짙은 색으로 칠한 벽은
고시계를 더욱 돋보이게 합니다.

❦ 실내의 분위기를 좌우하는 '벽의 색깔'

　영국의 벽면 장식은 주로 페인트칠입니다. 벽지도 포인트용으로 사용되지만, 주류는 페인트 도장입니다. 앞의 홈 센터 항목에서도 설명했듯이, 벽 도장은 업자에게 맡기는 것이 아니라 집 주인이 스스로 하는 경우가 많고, 그 집에 사는 동안 몇 번이고 다시 칠하는 사람도 많다고 합니다.

　빅토리아 왕조 시대에는 지금처럼 페인트를 하나씩 판매하던 시대가 아니었기 때문에, 페인트 도장은 프로의 일이었습니다. 그렇기 때문에 몇 번이고 다시 도장할 수는 없었고, 사람들은 신중하게 색을 음미했습니다. 결과적으로 빅토리아 왕조 초기에는 붉은색이나 테라코타 색, 브라운이 인기였습니다. 이것은 벽에 그림을 걸 때 테두리를 장식하는 액자의 금색과 조합하면 방이 무척 호화로워 보였기 때문입니다. 그리고 짙은 배색으로 도장하면 난로의

⚜ (왼쪽)윌리엄 모리스의 벽지를 사용한 실내는 중후한 느낌이 감돕니다.
⚜ (오른쪽)한쪽 벽만 벽지로 장식하는 것도 인기입니다.

그을음으로 방이 더러워져도 비교적 눈에 잘 띄지 않기 때문이라고 합니다.

빅토리아 왕조 중기 이후 사람들이 집이 좀 더 편안해지기를 바라게 되면서, 올리브 색이나 버건디라 불리는 와인 레드, 세이지 그린 등의 페인트도 인기를 얻습니다. 그래도 색조는 스모크 컬러라 불리는 무광택이 인기였습니다. 19세기 말에는 베이지와 화이트, 크림 등 밝은 색도 유행하게 됩니다. 다만 그을음 등이 눈에 띄고 청소가 힘들기 때문에, 손님이 오는 거실 등을 중심으로 사치의 상징으로 쓰인 모양입니다.

그리고 빅토리아 왕조 시절인 1836년 세금이 철폐되면서, 벽지도 일반 가정에 보급되어 벽을 장식하는 방식도 풍부해집니다. 1860년대에 기계식 롤 단위로 벽지가 발매된 이후로는, 벽지를 직접 구입해 바르는 가정도 늘어나 벽지 붐이 찾아옵니다. 다양한 텍스타일 벽지가 발매되었으며, 각 방마다 벽지를 바꾸는 가정도 많아졌습니다.

영국 주택은 문이나 저지판(벽과 바닥이 맞닿는 부분에 두는 판-역주), 바깥 툇마루 등이 기본적으로는 흰색을 띤 페인트로 칠해져 있기 때문에, 벽에 무슨 색을 칠해도 실패할 확률이 적은 것도 DIY하기 쉬운 점일지도 모릅니다.

🌿 조명 즐기기

일본에서는 집 안이 밝기를 원해서 형광등을 쓰는 경우도 많지만, 영국에서 형광등은 사무실 등 일하는 장소 외에는 거의 사용되지 않습니다. 사람들이 편안하게 있는 곳에 쓰이는 것은 옛날부터 백열등입니다.

해외 호텔에 묵었던 일본인이 호텔 방의 천장에는 전등이 안 달려 있고 간접 조명만 설치되어 있다는 사실에 경악한다… 는 이야기를 자주 듣는데, 영국에서는 집 안에서 방을 필요 이상으로 밝게 하는 것을 별로 좋아하지 않는 사람이 대부분입니다. 그렇기 때문에 영국 주택의 조명 밝기는 일본에 비하면 압도적으로 어두운 느낌입니다.

천장이 높은 방에는 샹들리에가 방 중앙에 배치되지만, 샹들리에를 단다고 해서 방 전체가 밝아지는 것은 아닙니다. 천장이 별로 높지 않아 샹들리에 배치가 어려울 경우에는 굳이 방 중앙에 조명을 설치하지 않습니다. 일본에서 흔히 쓰는 원반처럼 생긴 실링라

단란한 긴 겨울밤은 난롯불과 간접 조명의 불빛만으로 보내는 것이 일반적입니다.

⚜ (왼쪽)벽에 거는 타입의 블래킷 라이트(bracket light)도 인기입니다.
⚜ (오른쪽)샹들리에을 더욱 돋보이게 하는 실링 메달리온. 화려한 무늬의 장식이 아름답습니다.

이트(ceiling light, 천장에 설치하는 등-역주)는 영국에 존재하지 않습니다.

영국에서는 빅토리아 왕조 시대에 크리스틸 글라스를 사용한 샹들리에가 보급되었습니다. 1845년 유리세가 철폐되면서 중산 계급 가정에서도 샹들리에를 실내에 설치할 수 있게 된 것입니다. 우선 손님들이 다니는 응접실, 그리고 식당에 설치되었습니다.

샹들리에를 설치할 때 빼놓을 수 없는 건축 재료가 1880년대부터 유행한 천장 장식재 '실링 메달리온(Ceiling medallion)'입니다. '실링 센터', '실링 글로즈' 등의 별명으로 불리기도 한 이 건축 재료는 18세기부터 귀족 계급 저택에서 사용되었습니다. 원래는 석고 소재로 만들어져 무게도 상당했지만, 화장 도료인 스투코(Stuco, 석회나 석고를 주재료로 대리석 가루, 점토분 등을 섞어 만든 것-역주)를 이용해 대량 생산되면서 중산 계급 가정에서도 많이 쓰이게 된 것입니다. 샹들리에와 실링 메달리온 세트, 이것이 사람들이 동경하는 인테리어가 되었습니다.

✿ (왼쪽)방 중앙의 샹들리에는 조명이라기보다는 인테리어성을 중시합니다. 그렇기에 이
  동이 가능한 스탠드라이트를 곳곳에 두고, 방의 조명을 즐깁니다.
✿ (오른쪽)침대 곁의 스탠드라이트는 생활하기 위해 반드시 필요한 등불입니다.

그럼 영국인은 주택 안에서 조명이 필요할 때는 어떻게 할까요. 샹들리에 불빛만으로 생활하는 것이 가능한 걸까요. 영국 가정에서는 작은 조명을 여러 개 사용하는 경우가 많고, 필요한 곳에 스탠드라이트나 테이블 램프, 벽을 비추는 브래킷을 배치해 간접 조명 등불을 즐기며 밤을 보내는 것이 주류입니다.

최근에는 일본과 마찬가지로 천장 매입식 조명(다운라이트, down-light) 사용이 보급되고 있지만, 메인 룸에 사용되는 경우는 절대로 없고 통로나 부엌 등 작업장을 중심으로 사용됩니다. 메인 룸에 사용하는 경우는 반드시 조광기가 설치되어 있어 자유로이 조명 빛 세기를 설정할 수 있도록 배려합니다.

밤이 되면 작업용 전등은 끄고, 간접 조명과 양초 등불로 분위기를 연출합니다. 부드러운 오렌지색 빛이 커튼을 닫지 않은 창을 통해 새어나오는 모습은 무척이나 아름답고, 따뜻한 느낌을 줍니다.

  영국 하면 떠오르는 것이 '잉글리시 가든(English Garden)'이라 답하는 사람도 많지 않을까요. 영국에서는 도심을 제외하면 집보다 배는 넓은 백 가든을 소지한 주택도 드물지 않습니다. 빅토리아 왕조 시대 이후, 영국에서는 '넓은 마당'을 사회적 지위를 드러내는 심볼로서 원하는 경향이 강해졌고, 정원 가꾸기를 취미 중 하나로 즐기는 사람이 늘어났습니다. 날씨가 좋은 날에 마당에 설치한 벤치에서 차를 마시는 것을 최상의 사치라 느끼는 사람이 많습니다. 마당은 집에서 굉장히 중요한 생활공간이며, 또 하나의 거실 같은 카테고리에 위치해왔습니다.

  그런 영국의 마당에서 끊임없는 인기를 자랑하는 리노베이션 대상이 바로 서머 하우스라 불리는 지붕이 달린 테라스를 설치하는 것입니다. 사람들은 이 작은 하우스 안에 가구를 배치하고, 바비큐 등 간단한 저녁을 즐기거나 아틀리에로 사용하기도 합니다.

  서머 하우스는 프리패브 타입으로 규정에 맞는 물건을 홈 센터 등에서 판매해 설치하기만 하면 끝나는 것도 있으며, 목재를 구입해서 하나부터 열까지 직접 건축하는 사람도 있습니다. 서머 하우스에 전기와 가스를 연결하게 되면 더 할 일이 많아지지만, 제2의 거실을 설치하는 것은 영국인에게는 즐거운 꿈입니다.

  또, 백 가든에 '온실(Conservatory)'을 설치하는 집도 많이 볼 수 있습니다. 온실이란 유리로 둘러서 지은, 햇빛을 받을 수 있는 공간을 말합니다. 영국에서 온실은 크기에 상관없이 신청하지 않아도

설치할 수 있습니다. 그 때문에 경관 규제가 많은 영국에서는 손쉬운 증축 방법으로도 알려져 있으며, 일반 주택에 폭넓게 보급된 요인이기도 합니다.

하지만 최근에는 온실도 조금씩 변화가 생기는 모양입니다. 현재 영국에서는 '이콜로지(Ecology)'가 주목을 받으면서 여름에는 덥고 겨울에는 추운 온실은 단열·보온 효과가 좋지 않다고 여겨져, 지붕을 유리에서 평범한 지붕으로 바꾸는 공사를 제안하는 신문 광고를 자주 볼 수 있게 되었습니다.

⚜ (위)세로로 길고 넓은 백 가든. 사는 사람의 취향이 보일 듯 말 듯합니다.
⚜ (아래)마당과 접해 있는 온실. 밝고 마당을 내다 볼 수 있는 온실은 제2의 거실입니다.

삶의 즐거움과 경관, 그리고 이콜로지가 조화된 생활을 즐기는 것은 점점 어려워지는 모양입니다.

가드닝에 고심하는 영국인
『아가사 레이즌과 파묻힌 정원사』

영국에서는 빅토리아 왕조에 들어서면서 그때까지 상류 계급의 취미였던 가드닝(Gardening)이 노동자 계급 사이에서도 붐을 일으키게 됩니다. 아무리 좁다 해도 자신의 마당을 가지고, 거기서 화초를 키우는 것은 생활에 여유를 주었습니다. '취미는 가드닝입니다'라고 말하는 것은 빅토리아 왕조 시대에서 사회적 지위를 드러내는 말이었습니다.

영국에서 드라마로 만들어졌던 적이 있는 M.C.비튼(M.C. Beaton, 1936~)의 대인기 소설 『영국의 작은 마을의 수수께끼』의 세 번째 작품, 1994년에 간행된 『아가사 레이즌과 파묻힌 정원사(Agatha Raisin and the Potted Gardener)』는 바로 이런 가드닝이 테마인 미스터리 소설입니다.

대도시 런던의 공고 업계에서 수완을 발휘해왔던 실력파 비즈니스 우먼 아가사 레이즌은 53세에 조기 퇴직을 결심하고, 어렸을 때 방문한 이후로 계속 동경을 품어왔던 아름다운 코츠월즈 마을로 이사해 은거 생활을 시작합니다.

하지만 익숙하지 않은 시골 생활은 도시 생활에 물들어 있던 아가사에게는 고난의 연속이었습니다. 그래도 무수한 시련을 극복해 나가며 조금씩 마을에 자신이 있을 곳을 만들어가는 아가사였지만, 장기 여행으로 마을을 비운 사이에 강력한 라이벌이 출현하고 맙니다. 외모도 가사도 완벽한 미망인 메어리가 마을로 이사 온 것입니다.

가드닝까지 특기인 메어리는 마을의 가드닝 클럽 모임에서도 주목을 받으며, 아가사가 연심을 품었던 이웃 제임스까지도 그녀에게 마음을 빼앗긴 것 같았습니다. 연적의 등장으로 투쟁심에 불이 붙은 아가사는 가

☖ 비장의 공간인 서머 하우스. 마당을 바라보며 보내는 시간은 최고로 행복한 시간입니다.

드닝 컨테스트에서 입상해 마을 사람들의 주목을 되찾고자, 해본 적도 없는 가드닝에 도전하게 됩니다.

하지만 메어리의 충고를 듣지 않고 고집을 피우는 바람에, 소중한 모종이 말라버리고 맙니다. 궁지에 몰린 아가사는 가드닝 업자를 이용해 하룻밤 만에 정원을 만들어버리는 비겁한 계획을 세우는 꼴이 되고….

영국인이라면 모두 가드닝을 좋아하고 특기인 건 아닌가… 하고 생각하던 우리의 생각을 좋은 의미로 배신해버리는 도시인 아가사. 영국인의 가드닝에 대한 뜨거운 마음을 한번 느껴봐 주십시오.

영국에서 잡지는 슈퍼마켓이나 역 등에서 판매되며 '서점'에는 진열되지 않습니다. 잡지는 기본적으로 한 번 보고 버리는 읽을거리이며, 책은 서적으로서 보존되는 것이기 때문에, '잡지'는 '책'의 카테고리에는 들어가지 않는 모양입니다.

영국에서는 주택 관련 잡지가 매달 십수 종류가 발행되고 있습니다. 인테리어나 내장에 가장 신경을 쓰는 크리스마스 시기인 12월에는 번외편도 발매되어, 잡지란이 1년 중에 가장 충실해집니다. 주택 관련 잡지에는 『~HOMES』나 『HOMES~』라는 타이틀이 붙어 있으며, 150쪽 정도의 풀 컬러로 약 4파운드 전후의 가격으로 판매됩니다.

내용은 대부분 실내 내장과 인테리어 특집으로, 외관적인 요소는 거의 없습니다. 중고 물건을 구입해 실내를 개장하거나, 아름다운 인테리어로 자기 표현하는 사람이 많은 영국에서는 집 안의 정보를 많이 요구함을 알 수 있습니다.

가드닝 잡지도 매달 몇 종류가 발매되므로, 그쪽에서 외관에 대한 정보를 얻을 수 있습니다. 잡지마다 가구와 패브릭, 조명, 부엌 등의 상품부터 잡화까지 소개하는 것은 물론, 일반인의 주택 리노베이션 사례 소개도 많고 거기에 쓰인 상품도 소개되어 있습니다.

영국다운 집 소개 방법 중에 '이 집을 몇 파운드에 샀고, 리노베이션에 몇 파운드를 소비했으며, 지금의 평가 가치는 몇 파운드가 되었습니다. 이 집의 각 방을 보도록 하죠' 같은 것도 있을 정도입

✿ 슈퍼마켓에 진열된 집과 인테리어에 관한 다양한 월간지.

니다. 리노베이션해 집의 평가나 가치가 구입했을 때보다 억 단위까지 오른 경우도 있으니, 꿈이 생길 만도 합니다.

잡지별로 타깃층이 정해져 있으며, 구입자는 자신이 원하는 수준의 인테리어 잡지를 구입하게 됩니다. 고소득층을 겨냥한 잡지는 프로 코디네이터가 지면을 장식하며, 사용된 가구나 패브릭 소개가 포함되어 있습니다.

일반적인 주거지가 소개되고 리노베이션의 힌트를 얻을 수 있는 내용의 잡지도 있습니다. 어떤 잡지에는 매회 25채의 집이 소개됩니다. 주인의 프로필, 이사 이력, 현재 거주지에 대한 생각, 리노베이션 이력 등 주인과 집의 스토리는 꽤나 흥미롭습니다. 이러한 잡지를 보면서 영국인은 세련된 실내 장식 스킬을 몸에 익히는 거겠지요. 영국에서 귀국할 때, 공항에서 집에 관한 잡지를 찾아봐 주시기 바랍니다. 사진만으로도 충분히 즐길 수 있고, 기재된 일반 사람들의 집에 대한 마음을 엿볼 수 있습니다.

리노베이션 참고용 TV 방송

영국에서는 집 교체나 리노베이션을 테마로 한 TV 방송도 많으며, 영국인의 집에 대한 강한 관심을 느낄 수 있습니다. 영국에 가신다면 부디 한 번 채널을 돌려 시청해보시기 바랍니다.

Location, Location, Location

「Location, Location, Location」은 2000년에 시작된 집을 찾는 사람들을 위한 인기 방송이며, 매회 집을 찾는 일반인 가족이 등장해 어떤 집을 찾는지에 대한 조건을 방송 안내인과 상담하는 부분부터 시작합니다. 장소, 방 숫자, 외관, 가격 등 안내인은 원하는 조건에 맞는 3~4채의 집을 안내하고 프레젠테이션합니다.

안내받은 가족은 자신들의 조건에 맞는지 아닌지를 음미하며 구경합니다. 최종적으로 그중 하나의 집을 구입할 것인지 아닌지를 결정하게 되는데, 확률은 의외로 높아서 80% 정도가 구입한다고 합니다. 시청자는 그 가족의 기분이 되어 안내받은 집을 보며 즐깁니다. 가족들과 '나는 이 집이 좋아' 같은 이야기를 나눌 수 있는 즐거운 방송입니다.

Double your house for half the money

부정기로 방송되는 「Double your house for half the money」라는 방송은 집의 가치를 올리기 위한 리노베이션을 추천하는 방송입니다. 자금은 부족하지만 지금의 집에서 이주하고 싶다고 생각하는 사람이 보통 드는 금액의 절반의 자금만 가지고 집의 가치를 2배로 올리는 리노베이션에 도전하는 내용입니다. 리노베이션 회사를 경영하는 전문가가 방송의 안내인으로 등장해, 주민들에게 어드바이스를 해줍니다. 시청자는 평가가 낮은 집의 이유를 검토하거나, 전문가의 리노베이션 어드바이스를 들으며 방송을 즐깁니다.

Selling houses with Amanda Lamb

이 방송에서는 매회 집을 팔고 싶지만 구매자가 등장하지 않아 곤혹스러운 집주인이 세 팀 등장합니다. 각각의 집을 서로 방문해 안내인도 포함해 의견을 교환하고, 정해져 있는 저 예산으로 리노베이션을 실시합니다. 완성 후에 안내인은 집을 구하는 사람을 데려 오며, 리노베이션의 평가를 내립니다. 잘 되면 그 집을 구입하는 경우도 있는 다큐멘터리 방송입니다.

The Great Interior Design Challenge

매년 초에 시작하는 「The Great Interior Design Challenge」라는 계절 방송은 일반 공모한 프로가 아닌 인테리어 애호가들이, 집 주인의 요망을 듣고 그 집을 위한 인테리어 디자인을 생각해 정해진 예산과 기일 안에 인테리어를 완성해가는 내용입니다.

완성품은 프로 인테리어 디자이너들이 평가를 매기며, 토너먼트식으로 경쟁합니다. 1회 방송에 등장하는 세 명 중 한 명의 승리자가 살아남으며, 8주에 걸쳐 방송됩니다. 기일 내에 끝내지 못한 사람은 그 상태로 심사를 받는 리얼함이 방송의 또다른 재미이기도 합니다. 시청자는 누가 우승할 것인지를 예상하며 프로그램을 즐깁니다.

제5장
영국인의
집에 대한 생각

영국에서는 이사한 집에 처음으로 손님을 초대할 때, 또는 대규모 리노베이션 후 처음으로 손님을 초대할 때 '하우스 워밍 파티(House warming party)'라는 표현을 자주 사용합니다.

집에 불을 커는 파티, 집에 생명이 깃드는 것을 모두 함께 축하하는 중요한 모임. 이 축하를 통해 '물건=하우스'였던 집에 사는 사람의 마음이 깃들어 '홈'으로 변해간다. 영국인은 그렇게 생각합니다.

🌿 집을 보여준다는 것은 마음을 열었다는 것

영국인이 자신의 집을 보여준다는 것은 마음을 열었다는 것과 일맥상통합니다. 마음을 허용한 상대에게는 흔쾌히 집을 보여주며, 다소 어질러져 있다 해도 자기 나름대로 고집하는 부분 등을 자랑스럽게 설명하며 실내를 안내해줍니다.

마음을 담아, 시간을 들여 메인터넌스를 해온 집이기에 나올 수 있는 집에 관련된 무수한 이야기. 우리들은 자신의 집을 소개할 때 어딘가 자랑할 만한 곳이 있을까요. 집에 대한 에피소드 토크를 얼마나 가지고 있을까요. 그만큼 집에 마음을 담아가며 살고 있을까요. 영국의 집을 방문하면 항상 그런 것들을 생각하게 됩니다.

집을 오픈하는 영국인의 특성은 빅토리아 왕조 시대에 이미 형성되어 있었습니다. 빅토리아 시대의 인기소설가 윌리엄 메이크피스 새커리(William Makepeace Thackeray, 1811~1863)의 대표작인 『허영의 시장(Vanity Fair, 1847~48)』. 두 사람의 여성을 테마로 한 장편소설 안에도 그런 묘사가 있습니다.

가난하지만 지기 싫어하며 재주가 많은 베키와, 유복한 가정에서 자란 소심하고 어떤 의미로는 자기 자신을 갖지 못

🏠 집은 단란한 가족들의 공간. 느긋하게 지낼 수 있는 집을 갖는 것은 빅토리아 시대부터 사람들이 동경하던 것이었습니다. (An Evening at Home/1879년 판)

한 상냥한 아밀리아의 삶을 대조적으로 그린 이 작품은, 엄청난 베스트셀러가 되었습니다. 여학교에서 동기가 된 두 사람이었지만, 아밀리아는 기부금이 많았기에 특등생 취급을 받았고, 베키는 어린 아이들에게 프랑스어를 가르치면서 학비를 면제받는 상반된 입장이었습니다. 졸업 후, 베키는 취직한 직장으로 가기 전에 아밀리아의 집에 묵게 됩니다. 맹목적으로 베키에게 경외를 품었던

아밀리아는 베키에게 자신의 집의 방을 하나하나 소개하며 걸어갑니다. 때로는 서랍까지 열어가면서, 이 집안에 있는 것은 무엇이든 마음대로 가져가도 된다… 면서 애정을 표시합니다.

서랍까지 열어서 보여주는 영국인은 많지 않으리라 생각하지만, 집을 보여주는 것은 상대에 대한 신뢰와 경의를 나타내거나, 저는 위험한 인물이 아닙니다…며 자신의 입장을 명시하는 것이 되기도 한다고 합니다. 현재도 영국인의 집을 방문하면 설령 그 집에 처음으로 발을 들여놓는다 해도, 집 안의 방문을 전부 열어 보여주며 안내하는 경우는 그리 드물지 않습니다. 이것은 우리들에게는 무척 놀라운 관습이라 할 수 있겠지요.

🌿 집의 가격은 넓이로 결정되는 것이 아니다

일본에서 집에 손님을 초대하는 것에 대한 저항감 중 하나로, 일본의 좁은 주택 사정을 꼽는 사람도 많지 않을까 생각합니다. 하지만 영국인은 집의 크기로 집을 판단하는 경우가 적고, 설령 작다 해도 애정을 가지고 손질한 집은 높게 평가하는 사고방식을 지녔습니다. 반대로 아무리 넓은 집이라 해도 제대로 손질되지 않아 모든 방을 공개할 수 없고, 열어서는 안 되는 문이 연속해서 등장하는 집을 경원시합니다.

웨일즈 지방 북부에 위치한 콘위(Conwy)라는 마을에 영국인이

☆ '영국에서 가장 작은 집'은 성벽을 따라 지어진 붉은 외벽으로 표시된 집입니다.

무척 사랑하는, 인기 있는 집이 있습니다. 이 집은 '영국에서 가장 작은 집'이라 일컬어집니다. 콘위는 13세기에 잉글랜드 왕이 웨일즈를 통제하기 위해 세운 콘위 성과 중세 거리가 남아 있는 작은 마을입니다. 그 성벽이 있는 콘위 강가에 붉은 색 외벽이 눈에 띄는 집이 있습니다. 그게 바로 'The Smallest House'입니다.

이 집은 16세기에 건설되었다고 하며, 정면의 폭이 약 2m, 세로가 2m 70cm 정도 크기의 2층 건물입니다. 입구 문은 높이가 1m 50cm 정도밖에 되지 않기에 고개를 숙이고 들어가야만 합니다. 1층은 난로가 있는 식당 겸 부엌입니다. 고정된 벤치 아래는 수납 공간이며, 석탄을 보관하는 데 쓰였던 모양입니다.

당연히 계단을 만들 공간도 없었기 때문에, 2층으로는 사다리를 이용해 올라갑니다. 2층에는 침대와 작은 탁자가 놓인 제대로 된 침실이 만들어져 있습니다.

이 집에는 1900년까지는 사람이 살았으며, 마지막 소유자는 190cm나 되는 거한 어부여서 그는 집안에서 똑바로 서지도 못했습니다. 눈앞은 수많은 배가 정박해 있는 부둣가로 환경이 좋았기 때문에, 그는 이 작은 집을 사랑했던 모양입니다. 이 어부가 살기 전에는 2인 가족이 살았다고 하니 놀라울 따름입니다.

이 작은 집은 현재는 주거용도에서 벗어나 사람이 살 수 없게 되었지만, 일반에 공개되어 있어 영국 전국에서 이 사랑스러운 집을 보기 위해 찾아오는 관광객들의 인기 명소가 되었습니다.

⚜ 삶의 정수

집은 그 사람의 사람됨을 드러냅니다. 집에 들어가면 의식하지 않아도 그 사람이 어떻게 사는지, 생활 속에서 어떤 것을 중요하게 생각하는지가 자연스럽게 전해져 옵니다. 프라이빗한 주택에 초대해줬던 영국인의 생활 중에서 기억에 남았던 에피소드를 몇 가지 소개하겠습니다.

어떤 혼자 사는 노부인의 집 거실에는 테이블 위에 커다란 사진집이 펼쳐져 놓여 있었습니다. 그녀는 인테리어의 일환으로 이 사진집을 놓아둔 것이었으며, 그 날의 기분에 따라 다른 페이지를 펼

처둔다고 합니다.

배치가 정해져 있는 가구에 둘러싸인 공간에, 사진집의 마음에 드는 페이지를 바꿔 두기만 해도 방이 어제와 다른 분위기가 된다. '오늘은 어떤 페이지를 펴둘까' 하고 생각하는 것만으로도 기분이 즐거워진다. 지금 당장이라도 흉내 낼 수 있을 것 같은 멋진 아이디어입니다.

✿ 영국인은 '집에서 마시는 홍차가 최고'라 생각합니다. 물론 애프터눈 티도 자택이 최고입니다. (1898년판)

방 한쪽에 놓여 있는 작은 다이닝 테이블은 1인용 테이블로 세팅되어 있었습니다. 식탁 매트, 취향이 보이는 순은제 나이프와 포크, 아름다운 그릇. 그녀는 혼자서도 반드시 그날 먹을 음식의 '메뉴표'를 수기로 만들고, 마음에 드는 식기를 늘어놓고, 촛불을 켜고 레스토랑처럼 식사한다고 합니다.

'매일의 식사 시간을 소중히 하고, 젊은 시절부터 좋아하던 테

⚜ 마음에 드는 인테리어에 둘러싸여 보내는 시간은 굉장히 행복합니다. (The Aldine, The Art Journal of America/1875년판)

이블 세팅을 즐긴다….' 혼자만의 생활을 만끽하는 노부인의 모습을 보고, 마치 영화의 한 장면 같은 아름다움을 느낀 순간이었습니다.

재택근무 중인 어떤 여성은 일을 마칠 시간이 되면 구분하기 위해 집 안의 등불을 간접 조명과 양초만으로 바꾸고, 밤 생활로 전환합니다. 방의 등불 색이 흰색에서 노란 색으로 바뀌면서 온/오프가 구별되며, 직장과 자택이 같아도 차이가 생긴다고 합니다. 마음에 드는 촛대에 즐거운 듯이 불을 붙여 나가는 그 모습을 보며, 안식의 시간은 스스로 연출하는 것도 중요하다는 것을 배웠습니다.

집 안에 필요 이상의 의자가 놓여 있는 집도 있었습니다. 들자하니 그녀의 취미는 독서로, 그 날의 기분에 따라 책을 읽는 장소를 바꾼다는 것 같더군요. 어느 날은 정원을 바라보며, 어느 날은 복도 구석에서 몰래, 어느 날은 현관홀의 아름다운 빅토리안 플로어 타일에 둘러싸여서. 그리고 어느 날은 마당의 벤치에서 자연과 일체화되어…. 결코 크지 않은 주택이라 해도, 의자 하나를 놓을 공간만 있다면 기분 전환할 수 있는 장소는 얼마든지 만들 수 있다는 사실을 실감했습니다.

🌱 집에 집착하지 않는다

집에서의 생활을 진심으로 즐기는 영국인이지만, 토지는 물론이고 집에 대한 집착도 일본인만큼 강하지 않은 경우가 많습니다. 아무리 열심히 수선해온 집이라 해도, 온 정성을 다해 키운 꽃이 흐드러지게 피는 마당이 있다 해도, 그 집을 아름답게 유지할 수 있는 능력이 없어지면 다음 집으로 이동합니다. 항상 분수에 맞는 집에 살기에 열면 안 되는 문이 없고, 어떤 문을 열어도 어느 정도는 정리정돈이 되어 있는 것이겠지요.

그런 영국인의 집을 사랑하지만 집착하지는 않는 정신은, 집을 세를 놓는 관습에도 강하게 드러나 있습니다.

영국에서는 장기 휴가로 집을 비우게 될 경우, 집을 친구나 친척에게 빌려주거나, 에이전트를 통해 전혀 모르는 타인에게 빌려주는 것을 선택하는 사람이 많습니다. 개인 물건을 남겨둔 채로 집을 남에게 빌려준다는 건 상상도 할 수 없다…는 의견을 많이 들

⚜ 온실에서 즐기는 애프터눈 티. 대접하는 쪽도 대접받는 쪽도 웃음꽃이 활짝 피어 있습니다. (The Illustrated London News/1893년 2월 18일)

을 것 같지만, 영국에서는 자주 있는 일입니다. 개를 산책시킬 것, 마당을 손질할 것 등, 빌려주는 대신 조건을 다는 사람도 있는 모양이지만, 집을 쓰지 않은 채로 한 달 동안 방치하는 것이 더 '아깝다', '집이 상한다'고 생각하는 사람이 많은 모양입니다. 확실히 여행 중인 빈 집을 누군가에게 빌려주면 임시 수입이 생기므로, 좀 더 호화로운 여행을 즐길 수 있을지도 모르고, 상대가 신뢰할 수 있는 사람이라면 방범 면에서도 안심이 될지도 모릅니다.

1894년에 발표된 토마스 하디(Thomas Hardy, 1840~1928)의 단편 작품『꿈꾸는 시간이 지나도』에도 이렇게 집을 빌려주는 장면이 등장합니다.

화기 제조 공장을 경영하는 수완가 남편과 자식 셋이 있는 주인 공 에라는 우둔하고 세련미라고는 눈곱만큼도 없는 현실주의자 남편에게서 꿈을 느끼지 못했습니다. 결국 남편에게는 말할 수 없는 감정을 시의 세계에 맡긴 그녀는, 몇 년 동안 남성의 필명을 이용해 신문이나 잡지에 시를 투고해왔습니다.

이야기는 어떤 해변 마을에서 시작됩니다. 이 마을에서 여름휴가를 보내려던 부부는 여름 동안 딱 한 달만 빌릴 수 있는 집을 찾아 돌아다닙니다. 그들이 마음에 들어 한 집 '코우버그 장'은 유감스럽게도 2층의 방 2개는 어떤 남성이 이미 빌린 상태라 넓이가 조건에 맞지 않았습니다. 하지만 어떻게든 이들에게 집을 빌려주고 싶었던 이 집의 여주인은 그 남성과 교섭해 한 달은 방을 비워줄 수도 있다는 허가를 받아냅니다.

이 집에 들어온 후, 남성의 방을 자신의 침실로 삼은 에라는 거기서 어떤 사실을 깨닫고 경악합니다. 그 방을 쓰던 것은 그녀가 라이벌이자 동경의 대상으로 의식하던 시인 로버트 토르였던 것

✿ 빅토리아 왕조 시대의 중산 계급의 가정에서는 정원사를 고용해 마당을 정비하는 일도 자주 있었습니다. (The Graphic/1870년 6월 4일)

입니다. 숙소의 여주인에게 들은 토르의 이야기, 벽지에 적힌 미발표 단편, 액자에 숨겨진 시인의 얼굴 사진…. 시인의 물품에 둘러싸인 방 속에서, 에라는 더더욱 시인을 동경하게 됩니다. 두 사람은 만나지 못하고 휴가가 끝나지만, 그 후 작품이 혹평을 받아 괴로워하던 토르가 자살한 일이 계기가 되어, 에라의 집에도 파문이 미치게 됩니다.

이야기는 파란으로 가득한 결말을 맞이하지만, 집이나 방에 자신의 물건을 남겨둔 채로 빌려주는 관습은 빅토리아 왕조 시대부터 자주 있는 일이었던 모양입니다.

이렇게 집을 사랑하지만 그 집을 자신만의 것이라 집착하지 않는 정신이, 자택을 개방하는 B&B의 보급과 유학생을 받아들이는 호스트 패밀리 숫자가 많은 것과도 관련이 있는지도 모릅니다.

🌿 집은 최상의 환영 장소

어떤 크리스마스, 1년에 한 번뿐인 소중한 가족 모임 크리스마스 파티에 참여했던 적이 있습니다.

그 집은 매우 큰 디태치드 하우스로, 가족 12명이 전부 집합했습니다. 저녁이 되어 트리로 장식된 손님용 응접실 난로에 불이 켜지고, 식사 준비가 될 때까지 애피타이저인 오르되브르를 집어먹으며, 샴페인을 한 손에 들고 담소를 나눕니다. 식사 준비가 다 되면 부엌에 차려진 치킨 등의 음식들을 직접 뷔페식으로 덜어다 식당에 착석합니다. 테이블은 멋지게 세팅되어 있으며, 양초도 켜져 있습니다.

테이블에 세팅되어 있는 영국 특유의 크리스마스 크래커(Christmas Cracker, 파티용으로 양쪽에서 잡아당기면 폭죽 소리가 나는 물건-역주)를 당기는 것부터 디너가 시작됩니다. 크리스마스 크래커는 옆 사람과 각각 크래커의 한쪽 끝을 잡고 잡아당기는 게임입니다. 그렇게 하면 크래커가 소리를 내며 갈라지고, 본체를 당긴 쪽이 승자가

✤ 크리스마스 크래커로 노는 아이들. 빅토리아 왕조 시대부터 발전해온 크리스마스 크래커. 당시부터 크리스마스 필수 아이템이었습니다. (The Illustrated London News/1893년 12월 23일)

됩니다. 이긴 사람은 안에 들어 있는 종이 왕관을 쓰고, 사람들에게 안에 들어 있는 퀴즈를 내면서 즐기는 것이 정통파 놀이 방식입니다. 빅토리아 시대부터 이어져 온 전통적인 크래커 행사와 맛있는 수제 요리를 즐긴 후에는, 다시 트리가 있는 응접실로 돌아갑니다. 거기서 선물을 교환하며, 그 후에는 게임을 하거나 각각 담소를 나누며 즐거운 시간을 보냅니다.

1년에 한 번 집이 화려하게 데커레이션되고, 응접실, 부엌, 식당 등의 방이 풀 활용되며 집에 많은 사람들이 모이는 크리스마스. 영국인의 대다수는 특별한 날에는 밖이 아닌 집에서 보냅니다. 그렇기에 크리스마스 시기는 홈스테이를 할 곳을 찾기가 매우 어렵습니다. 이 집에 초대받아 함께 공유한 시간은, 호텔이나 레스토랑에서는 느낄 수 없는 특별한 기쁨과 고마움을 느낄 수 있었던 하루였습니다.

집은 마음이 깃드는 장소

영국 세계관을 듬뿍 맛보고 일본으로 귀국하면, 전철에 흔들리며 익숙한 일본의 거리를 바라보고 꿈에서 깬 듯한 기분이 되는 경우가 있습니다.

통일감이 없는 거리, 부지 한 가득 지어진 건물, 집을 둘러싼 얼마 안 되는 녹음. 하지만 긍정적으로 생각해보면, 일본에서는 각자 자기가 좋아하는 대로 자유로이 집을 만들 수 있다는 멋진 메리트도 있다는 사실을 깨닫게 됩니다. 건축 기준법만 지킨다면, 디자인도, 소재도, 부지 내 배치도 하나부터 열까지 계획할 수 있습니다. 그렇게 영국의 집을 똑같이 만들 수도 있는 것입니다. 정통 일본식, 프렌치 스타일, 콘크리트 모던 하우스. 집 그 자체의 디자인에 자신의 개성을 반영할 수 있으며, 영국인처럼 집을 자신의 취향대로 리노베이션하는 것도 결코 불가능하지 않습니다.

하지만 영국 주택의 훌륭한 점은, 외관만이 아닙니다. 사는 집을 그 집에 사는 사람이 사랑한다는 것, 바로 그게 중요하다는 것을 느끼게 됩니다. 구입했을 때, 이사했을 때가 그 집이 가장 멋진 것이 아닙니다. 이사를 축하하기 위해 사람들을 초대한 순간이 그 집의 최고의 순간이며, 생활이 시작되면서 점점 어지러워지고, 통일감이 사라지며, 사람들을 초대하는 횟수가 줄어들어버리는 것은 쓸쓸한 일입니다. 이사는 스타트라 생각하고, 거기서부터 조금씩 가족의 성장과 함께 집을 손보고, 인테리어를 즐기며, 자신만의 공간으로 집을 완성해가는 것은 누구라도 가능한 것이 아닐까 생각합니다.

'집은 사람됨을 나타낸다', '인테리어는 지성을 나타낸다.' 영국에는 이런 말이 있습니다. 인생에서 가장 많은 시간을 보내는 집. 아침에 일어난 순간의 풍경, 밤에 잠들기 전의 풍경. 그런 모습이 자신이 아름답다고 느끼는 광경일수록, 매일의 생활이 더 풍요로워지고 일을 하기 위한 활력도 늘어나는 것이 아닐까요. 그리고 손을 댄 만큼 집에 대한 애정도 늘어나는 게 아닐까 생각합니다.

'Home is where the heart is(집은 마음이 깃드는 장소).' 지금부터라도 늦지 않았습니다. 부디 당신의 집을 위해, 'House Warming Party'를 열어주십시오.

🕯 난로 앞에서 느긋하게 지내는 순간. 집은 마음이 깃드는 장소. 행복한 가족의 한 장면
입니다. (1924년판)

❦ 창가의 벤치는 수납도 겸하고 있습니다. 태슬(tassle)로 장식한 커튼은 밝은 분위기로,
수강생들에게도 호평을 받았습니다.

일본에서 건설된 영국 주택

　Cha Tea 홍차 교실은 교실 대표인 타치카와 미도리 씨의 자택 겸 살롱이라는 형태로, 영국 주택 전문 설계 사무소인 코츠월드에 프로듀스를 의뢰한 집입니다. 미팅 시에 가장 먼저 결정한 것은 집의 양식입니다. 영국 주택답게, 외관의 양식, 그리고 내장 양식을 각각 선택했습니다.

　외관은 근처 주택의 분위기에 비해 너무 튀지 않도록, 런던의 테라스 하우스(실제로는 한 채뿐이라 연속되지는 않습니다)의 이미지로 조지안 양식을 희망했습니다. 물론 영국 주택이라면 빼놓을 수 없는 굴뚝이나 침니 팟도 겸비했습니다.

　⚘ 오크 패널링이 장식된 식당. 매우 안정이 되는 공간입니다.

🔸 계단 장식은 1793년에 창업한 민튼 사의 앤티크 타일을 사용했습니다.

내장은 다양한 시대의 인테리어를 믹스할 수 있는 빅토리안 양식을 희망했습니다. 1층의 대기실 바닥에는 빅토리안 고딕에서 빼놓을 수 없는 선명한 색의 빅토리안 플로어 타일을 깔았으며, 계단에는 컬렉션해두었던 빅토리아 왕조 시대의 앤티크 타일을 장식했습니다. 2층의 식당 벽은 튜더 양식의 대표 장식인 오크 패널링을 채용. 난로가 있는 거실에는 조지안 양식의 맨틀피스, 샹들리에를 거는 천장에는 실링 메달리온도 달았습니다. 물론 외벽의 붉은 벽돌과 오크 송판까지, 건축 재료는 대부분 영국제입니다.

합판 등이 아닌 원목 소재로 둘러싸인 영국의 집은 처음 교실에 온 수험생에게도 어딘가 모르게 그리운 분위기를 느끼게 해주는 경우가 많아서, 공과 사 양쪽 모두에 만족스러운 곳입니다. 집은 키우는 것이라는 영국인의 미덕을 잊지 않고, 작은 현관의 가드닝이나 포컬 포인트가 되는 장소의 디스플레이 등 집을 손보면서 생활의 만족도를 높이는 것이 즐거운 나날입니다.

❀ 맨틀피스 위에는 영국제 거대한 거울을 달았습니다. 거울에 샹들리에가 비추는 것도 매우 마음에 듭니다.

❀ 외벽의 붉은 벽돌은 런던의 테라스 하 우스를 참고해 세공한 것입니다.

❀ 영국에서 수입한 석고 실링 메달리온. 샹 들리에는 1823년 창업한 오스트리아의 로브마이어 사의 제품입니다.

　영국의 집을 사랑하고, 영국인의 생활을 방문해보는 야마다 카요코 씨와 제가 만난 것은, 제가 주재하는 Cha Tea 홍차 교실의 살롱 겸 자택을 프로듀스해주신 영국 주택 전문 설계 사무소 코츠월드의 대표이사인 오비 코이치 씨의 강연 회장이었습니다.

　오비 씨를 동경해 칸사이(関西)에서 강연을 들으러 오셨다는 카요코 씨는, 오비 씨에게 보여주기 위해 홈스테이를 하면서 그려 온 영국의 집 스케치를 가지고 오셨습니다. 우연히 그녀와 가까운 자리에 제가 앉았다가 이야기를 나누게 되었고, 강의 후 오비 씨가 포함된 친목회에 갑자기 참가하게 되었습니다. 그런데 여기서 해프닝이 벌어졌죠. 당일치기로 칸사이로 돌아가실 생각이었던 카요코 씨는 숙소를 예약하지 않았고, 친목회 도중에 숙소를 찾기 시작했지만 타이밍이 나빠 근처의 숙소에는 빈 방이 없었습니다. 새파랗게 질린 그녀에게 '지하철 몇 정거장만 가면 있는 저희 집에서 하룻밤 묵어가시지 않을래요?'라고 권했던 것이 이 인연의 시작이었습니다.

　항상 스태프와 수강생들이 자택에 출입하는 저로서는 누가 집에 묵어가는 것은 전혀 부담이 아니었지만, 그녀는 제 제의를 무척 기쁘게 생각해서 나중에 저희 집의 일러스트를 그려 보내주셨습

니다. 첫 대면에서 B&B 체험을 하기도 했고, 서로 영국의 집과 집에 사람을 초대하는 것에 대한 생각 등 공통점을 다수 발견해 그후로는 몇 달에 한 번은 만나는 사이가 되었습니다.

카요코 씨가 영국에서 구입하신 목걸이에 새겨져 있던, 이 책에도 등장하는 'Home is where the heart is(집은 마음이 깃드는 장소)'라는 말에는 그녀의 영국 주택에 대한 마음이 응축되어 있었으며, 제가 제 집에 대해 느끼던 마음과도 겹쳐져 무척 감동스러웠습니다.

'그녀가 건축가로서의 시점도 넣어가며 써온 영국 주택 이야기를 더 많은 사람들에게 보여주고 싶다.' 그런 마음이 점점 부풀면서, 편집자인 무라마츠 쿄코 씨와 상담했더니 얘기에 점점 박차가 가해져 제가 정리를 맡아 이 책의 집필이 시작되었습니다. 수입 주택에 살며 영국의 집에도 관심이 많은 Cha Tea 홍차 교실 스태프인 스즈키 타마에 씨의 협력도 받아 셋이서 공동으로 작업했습니다. 각각 생각하는 바도 있었기 때문에, 더 소개하고 싶은 것, 더 정리해두고 싶었던 것… 한정된 페이지가 안타까울 뿐인 집필이었지만, 카요코 씨가 사랑하는 영국의 '일반 주택'에 대해, 어떤 느낌인지 아실 수 있게 되었다면 기쁘리라 생각합니다.

Cha Tea 홍차 교실 대표 타치카와 미도리

참고 문헌

· R.W. 브랜스킬(R.W. ブランスキル) 『잉글랜드의 민가(イングランドの民家)』 카타노 히로시 (片野博) 역, 이노우에쇼인(井上書院), 1985.11

· 카타키 아츠시(片木篤) 『영국의 교외 주택-중류 계급의 유토피아(イギリスの郊外住宅—中流階級のユートピア)』 스마이도서관출판국(住まいの図書館出版局), 1987.12

· 오기타 타케시(荻田武), 림 본(リム·ボン) 『공영 주택·거주자 운동의 역사와 전망(公営住宅·居住者運動の歴史と展望)』 호리츠분카샤(法律文化社), 1989.10

· 이안 카훈(イアン·カフーン) 『영국 집합 주택 20세기(イギリス集合住宅20世紀)』 핫토리 미네키(服部岑生), 스즈키 마사유키(鈴木雅之) 역, 카지마출판회(鹿島出版会), 2000.10

· 『영국의 주택 디자인과 하우스 플랜(イギリスの住宅デザインとハウスプラン)』 특정 비영리 활동 법인 주택 생산성 연구회, 2002.2

· 고토 히사시(後藤久) 『서양주택사-돌의 문화와 나무의 문화(西洋住宅史—石の文化と木の文化)』 쇼코쿠샤(彰国社), 2005.9

· 아키야마 타케시(秋山岳志) 『영국식 극락 수상생활-내로우 보트로 즐기는 상쾌 크루즈 라이프(イギリス式極楽水上生活—ナローボートで楽しむ爽快クルーズ·ライフ)』 코진샤(光人社), 2006.8

· 오비 코이치(小尾光一) 『영국 주택에 매료되다-코츠월즈에서 시작된 영국의 주거에 대한 마음(英国住宅に魅せられて—コッツウォルズからはじまった英国の住まいへの想い)』 RSVP 배틀러즈(RSVPバトラーズ), 2015.6

· 트레버 요크(トレヴァー·ヨーク) 『잉글랜드의 저택—컨트리 하우스(イングランドのお屋敷—カントリーハウス)』 무라카미 리코(村上リコ) 역, 마루샤(マール社), 2015.10

· 카와이 토시히로(川井俊弘) 『영국의 주거와 가든-생활을 즐기는 정수(イギリスの住まいとガーデン—暮らしを楽しむエッセンス)』 TOTO출판(TOTO出版), 2003.12

· 히사모리 카즈코(久守和子), 나카가와 토모코(中川僚子) 『〈인테리어〉로 읽는 영국 소설-실내 공간의 변용(〈インテリア〉で読むイギリス小説—室内空間の変容)』 미넬바쇼보(ミネル

ヴァ書房), 2003.6

· 카와바타 아리코(川端有子), 무라카미 리코(村上リコ), 요시무라 노리코(吉村典子)『빅토리아 시대의 실내 장식-여성들의 유토피아(ヴィクトリア時代の室内装飾—女性たちのユートピア)』LIXIL출판, 2013.8

· 오노 마리(小野まり)『도해 영국 인테리어의 역사-매혹의 빅토리안 하우스(図説 英国インテリアの歴史—魅惑のヴィクトリアン・ハウス)』카와데쇼보신샤(河出書房新社) 2013. 11

· Cha Tea 홍차 교실(紅茶教室)『도해 빅토리아 왕조 시대의 생활-비튼 부인에게 배우는 영국류 라이프스타일(図説 ヴィクトリア朝の暮らし—ビートン夫人に学ぶ英国流ライフスタイル)』카와데쇼보신샤(河出書房新社), 2015.5

· 마가렛 포터(マーガレット・ポーター), 알렉산더 포터(アレクザンダー・ポーター)『그림으로 보는 영국인의 생활1-하우스(絵でみるイギリス人の住まい1—ハウス)』미야우치 사토시(宮内悊) 역, 사가미쇼보(相模書房), 1984.2

· 마가렛 포터(マーガレット・ポーター), 알렉산더 포터(アレクザンダー・ポーター)『그림으로 보는 영국인의 생활2-인테리어(絵でみるイギリス人の住まい2—インテリア)』미야우치 사토시(宮内悊) 역, 사가미쇼보(相模書房), 1985.12

· 호리에 타마키(堀江珠喜)『Royal Doulton-영국의 명품 도자기(Royal Doulton—英国の名窯)』교토쇼인(京都書院), 1997.11

· 새커리(サッカリー)『허영의 도시 1(虚栄の市1)』나카지마 켄지(中島賢二) 역, 이와나미분코(岩波文庫), 2003.9

· 하디(ハーディ)『하디 단편집(ハーディ短篇集)』이데 히로유키(井出弘之), 이와나미분코(岩波文庫), 2000.2

· 개스켈(ギャスケル)『여자들만의 마을-크랜퍼드(女だけの町—クランフォード)』코이케 시게루(小池滋) 역, 이와나미분코(岩波文庫), 1986.8

· E.M. 포스터(E.M. フォースター)『하워즈 엔드(ハワーズ・エンド)』요시다 켄이치(吉田健一) 역, 카와데쇼보신샤(河出書房新社), 2008.5

· 버넷(バーネット)『리틀 프린세스-소공녀 세라(リトルプリンセス—小公女セアラ)』아키카와 쿠미코(秋川久美子) 역, 니시무라쇼텐(西村書店), 2008.12

· 제인 오스틴(ジェイン・オースティン)『노생거 애비(ノーサンガー・アビー)』나카노 코지(中野康司), 치쿠마쇼보(筑摩書房), 2009.9

· M.C. 비튼(M.C. ビートン)『아가사 레이즌의 완벽한 뒤뜰(アガサ・レーズンの完璧な裏庭)』
하타 시즈코(羽田詩津子) 역, 하라쇼보(原書房), 2013.7

· Matthew Rice Little. *VILLAGE BUILDIGS OF BRITAIN*. Brown and Compa-
ny (UK), 1991
· Edward Hubbard and Michael Shippobottom. *A GUIDE TO PORT SUN-
LIGHT VILLAGE*. Liverpool University Press, 1988
· Robin Guild. *The VICTORIAN HOUSE BOOK*. Sidgwick & Jackson Ltd.,
1989
· Stan Yorke. *ENGLISH CANALS EXPLAINED*. Country Side Books, 2003
· Trevor Yorke. *GEORGIAN & REGENCY HOUSES EXPLAINED*. Country Side
Books, 2007
· Trevor Yorke. *BRITISH ARCHITECTURAL STYLES*. Country Side Books,
2008
· Trevor Yorke. *TUDOR HOUSES EXPLAINED*. Country Side Books, 2009
· Trevor Yorke. *1940s & 1950s HOUSE EXPLAINED*. Country Side Books, 2010
· Trevor Yorke. *ARTS & CRAFTS HOUSE STYLES*. Country Side Books, 2011
· Trevor Yorke. *VICTORIAN GOTHIC HOUSES STYLES*. Country Side Books,
2012
· Linda Osband. *VICTORIAN HOUSE STYLE Handbook*. David & Charles
Publishers, 2007. 8
· Trevor Yorke. *BRITISH INTERIOR HOUSE STYLES*. Country Side Books,
2012
· Trevor Yorke. *EDWARDIAN HOUSE*. Country Side Books, 2013
· Hilary Hockman. *EDWARDIAN HOUSE STYLE Handbook*. David & Charles
Publishers, 2007. 11

저자 소개

야마다 카요코(山田佳世子)

코난(甲南)여자대학 문학부 영미문학과 졸업 후, 재택 고령자나 장애인들을 위한 재택 리폼 회사에 근무. 수입 주택에 관련된 일을 하는 건축 사무소에서 설계 플래너로 경험을 쌓아 2급 건축사를 취득. 학생 시절 단기 유학했던 영국의 집에 흥미를 가지고, 계속해서 영국을 찾아가곤 한다. 현재는 프리 주택 설계 플래너로 활동 중.

홈페이지 https://www.eiplanning.com/

Cha Tea 홍차 교실

2002년 개교. 야마노테선 닛포리 역 근처에 있는 대표 강사의 자택(영국 수입 주택)을 개방해 레슨을 개최하고 있다.

저서로 『도해 홍차(図説 紅茶)』, 『도해 영국 티 컵의 역사~홍차로 이해하는 영국사(図説 英国ティーカップの歴史―紅茶でよみとくイギリス史)』, 『도해 영국 홍차의 역사(図説 英国紅茶の歴史)』, 『도해 빅토리아 왕조 시대의 생활~비튼 부인에게 배우는 영국류 라이프스타일(図説 ヴィクトリア朝の暮らし―ビートン夫人に学ぶ英国流ライフスタイル)』, 『영국의 테이블웨어~앤티크빈티지(英国のテーブルウェア―アンティーク&ヴィンテージ)』, 감수에 『홍차의 모든 것을 알 수 있는 사전(紅茶のすべてがわかる事典)』 등.

홈페이지 http://tea-school.com

Twitter @ChaTea2016

instagram @teaschool_chatea

역자 소개

문성호

게임 매거진, 게임 라인 등 대부분의 국내 게임 잡지들에 청춘을 바쳤던 전직 게임 기자. 어린 시절 접했던 아톰이나 마징가Z에 대한 추억을 잊지 못하며 현재 시대의 흐름을 잘 따라가지 못해 여전히 레트로 최고를 외치는 구시대의 중년 오타쿠. 다양한 게임 한국어화 및 서적 번역에 참여했다. 번역서로 『영국 사교계 가이드』, 『도해 첩보 · 정찰 장비』, 『데즈카 오사무의 만화 창작법』, 『초패미컴(공역)』 등이 있다.

창작을 꿈꾸는 이들을 위한 안내서
AK 트리비아 시리즈

-AK TRIVIA BOOK

No. 01 도해 근접무기
오나미 아츠시 지음 | 이창협 옮김 | 228쪽 | 13,000원
근접무기, 서브 컬처적 지식을 고찰하다!
검, 도끼, 창, 곤봉, 활 등 현대적인 무기가 등
장하기 전에 사용되던 냉병기에 대한 개설
서. 각 무기의 형상과 기능, 유형부터 사용 방법은 물론 서
브컬처의 세계에서 어떤 모습으로 그려지는가에 대해서
도 상세히 해설하고 있다.

No. 02 도해 크툴루 신화
모리세 료 지음 | AK커뮤니케이션즈 편집부 옮김 |
240쪽 | 13,000원
우주적 공포, 현대의 신화를 파헤치다!
현대 환상 문학의 거장 H.P 러브크래프트의
손에 의해 창조된 암흑 신화인 크툴루 신화. 111가지의
키워드를 선정, 각종 도해와 일러스트를 통해 크툴루 신화
의 과거와 현재를 해설한다.

No. 03 도해 메이드
이케가미 료타 지음 | 코트랜스 인터내셔널 옮김 |
238쪽 | 13,000원
메이드의 모든 것을 이 한 권에!
메이드에 대한 궁금증을 확실하게 해결해주
는 책. 영국, 특히 빅토리아 시대의 사회를 중심으로, 실존
했던 메이드의 삶을 보여주는 가이드북.

No. 04 도해 연금술
쿠사노 타쿠미 지음 | 코트랜스 인터내셔널 옮김 |
220쪽 | 13,000원
기적의 학문, 연금술을 짚어보다!
연금술사들의 발자취를 따라 연금술에 대해
자세하게 알아보는 책. 연금술에 대한 풍부한 지식을 쉽고
간결하게 정리하여, 체계적으로 해설하며, '진리'를 위해
모든 것을 바친 이들의 기록이 담겨있다.

No. 05 도해 핸드웨폰
오나미 아츠시 지음 | 이창협 옮김 | 228쪽 | 13,000원
모든 개인화기를 총망라!
권총, 소총, 기관총, 어설트 라이플, 샷건, 머
신건 등, 개인 화기를 지칭하는 다양한 명칭
들은 대체 무엇을 기준으로 하며 어떻게 붙여진 것일까?
개인 화기의 모든 것을 기초부터 해설한다.

No. 06 도해 전국무장
이케가미 료타 지음 | 이재경 옮김 | 256쪽 | 13,000원
전국시대를 더욱 재미있게 즐겨보자!
소설이나 만화, 게임 등을 통해 많이 접할 수
있는 일본 전국시대에 대한 입문서. 무장들
의 활약상, 전국시대의 일상과 생활까지 상세히 서술. 전
국시대에 쉽게 접근할 수 있도록 구성했다.

No. 07 도해 전투기
가와노 요시유키 지음 | 문우성 옮김 | 264쪽 | 13,000원
빠르고 강력한 병기, 전투기의 모든 것!
현대전의 정점인 전투기. 역사와 로망 속의
전투기에서 최신예 스텔스 전투기에 이르기
까지, 인류의 전쟁사를 바꾸어놓은 전투기에 대하여 상세
히 소개한다.

No. 08 도해 특수경찰
모리 모토사다 지음 | 이재경 옮김 | 220쪽 | 13,000원
**실제 SWAT 교관 출신의 저자가 특수경찰의
모든 것을 소개!**
특수경찰의 훈련부터 범죄 대처법, 최첨단
수사 시스템, 기밀 작전의 아슬아슬한 부분까지 특수경찰
을 저자의 풍부한 지식으로 폭넓게 소개한다.

No. 09 도해 전차
오나미 아츠시 지음 | 문우성 옮김 | 232쪽 | 13,000원
지상전의 왕자, 전차의 모든 것!
지상전의 지배자이자 절대 강자 전차를 소개한다. 전차의 힘과 이를 이용한 다양한 전술, 그리고 그 독특한 모습까지. 알기 쉬운 해설과 상세한 일러스트로 전차의 매력을 전달한다.

No. 10 도해 헤비암즈
오나미 아츠시 지음 | 이재경 옮김 | 232쪽 | 13,000원
전장을 압도하는 강력한 화기, 총집합!
전장의 주역, 보병들의 든든한 버팀목인 강력한 화기를 소개한 책. 대구경 기관총부터 유탄 발사기, 무반동총, 대전차 로켓 등, 압도적인 화력으로 전장을 지배하는 화기에 대하여 알아보자!

No. 11 도해 밀리터리 아이템
오나미 아츠시 지음 | 이재경 옮김 | 236쪽 | 13,000원
군대에서 쓰이는 군장 용품을 완벽 해설!
이제 밀리터리 세계에 발을 들이는 입문자들을 위해 '군장 용품'에 대해 최대한 알기 쉽게 다루는 책. 세부적인 사항에 얽매이지 않고, 상식적으로 갖추어야 할 기초지식을 중심으로 구성되어 있다.

No. 12 도해 악마학
쿠사노 타쿠미 지음 | 김문광 옮김 | 240쪽 | 13,000원
악마에 대한 모든 것을 담은 총집서!
악마학의 시작부터 현재까지의 그 연구 및 발전 과정을 한눈에 알아볼 수 있도록 구성한 책. 단순한 흥미를 뛰어넘어 영적이고 종교적인 지식의 깊이까지 더할 수 있는 내용으로 구성.

No. 13 도해 북유럽 신화
이케가미 료타 지음 | 김문광 옮김 | 228쪽 | 13,000원
세계의 탄생부터 라그나로크까지!
북유럽 신화의 세계관, 등장인물, 여러 신과 영웅들이 사용한 도구 및 마법에 대한 설명까지! 당시 북유럽 국가들의 생활상을 통해 북유럽 신화에 대한 이해도를 높일 수 있도록 심층적으로 해설한다.

No. 14 도해 군함
다카하라 나루미 외 1인 지음 | 문우성 옮김 | 224쪽 | 13,000원
20세기의 전함부터 항모, 전략 원잠까지!
군함에 대한 입문서. 종류와 개발사, 구조, 제원 등의 기본부터, 승무원의 일상, 정비 비용까지 어렵게 여겨질 만한 요소를 도표와 일러스트로 쉽게 해설한다.

No. 15 도해 제3제국
모리세 료 외 1인 지음 | 문우성 옮김 | 252쪽 | 13,000원
나치스 독일 제3제국의 역사를 파헤친다!
아돌프 히틀러 통치하의 독일 제3제국에 대한 개본서. 나치스가 권력을 장악한 과정부터 조직 구조, 조직을 이끈 핵심 인물과 상호 관계와 갈등, 대립 등. 제3제국의 역사에 대해 해설한다.

No. 16 도해 근대마술
하니 레이 지음 | AK커뮤니케이션즈 편집부 옮김 | 244쪽 | 13,000원
현대 마술의 개념과 원리를 철저 해부!
마술의 종류와 개념, 이름을 남긴 마술사와 마술 단체, 마술에 쓰이는 도구 등을 설명한다. 겉핥기식의 설명이 아닌, 역사와 각종 매체 속에서 마술이 어떤 영향을 주었는지 심층적으로 해설하고 있다.

No. 17 도해 우주선
모리세 료 외 1인 지음 | 이재경 옮김 | 240쪽 | 13,000원
우주를 꿈꾸는 사람들을 위한 추천서!
우주공간의 과학적인 설명은 물론, 우주선의 태동에서 발전의 역사, 재질, 발사와 비행의 원리, 어떤 원리로 날아다니고 착륙할 수 있는지. 자세한 도표와 일러스트를 통해 해설한다.

No. 18 도해 고대병기
미즈노 히로키 지음 | 이재경 옮김 | 224쪽 | 13,000원
역사 속의 고대병기, 집중 조명!
지혜와 과학의 결정체, 병기. 그중에서도 고대의 병기를 집중적으로 조명, 단순한 병기의 나열이 아닌, 각 병기의 탄생 배경과 활약상, 계보, 작동 원리 등을 상세하게 다루고 있다.

No. 19 도해 UFO
사쿠라이 신타로 지음 | 서형주 옮김 | 224쪽 | 13,000원
UFO에 관한 모든 지식과, 그 허와 실.
첫 번째 공식 UFO 목격 사건부터 현재까지, 세계를 떠들썩하게 만든 모든 UFO 사건을 다룬다. 수많은 미스터리는 물론, 종류, 비행 패턴 등 UFO에 관한 모든 지식들을 알기 쉽게 정리했다.

No. 20 도해 식문화의 역사
다카하라 나루미 지음 | 채다인 옮김 | 244쪽 | 13,000원
유럽 식문화의 변천사를 조명한다!
중세 유럽을 중심으로, 음식문화의 변화를 설명한다. 최초의 조리 역사부터 식재료, 예절, 지역별 선호메뉴까지, 시대상황과 분위기, 사람들의 인식이 어떠한 영향을 끼쳤는지 흥미로운 사실을 다룬다.

No. 21 도해 문장
신노 케이 지음 | 기미정 옮김 | 224쪽 | 13,000원
역사와 문화의 시대적 상징물, 문장!
기나긴 역사 속에서 문장이 어떻게 만들어졌
고, 어떤 도안들이 이용되었는지, 발전 과정
과 유럽 역사 속 위인들의 문장이나 특징적인 문장의 인물
에 대해 설명한다.

No. 22 도해 게임이론
와타나베 타카히로 지음 | 기미정 옮김 | 232쪽 | 13,000원
이론과 실용 지식을 동시에!
죄수의 딜레마, 도덕적 해이, 제로섬 게임 등
다양한 사례 분석과 알기 쉬운 해설을 통해,
누구나가 쉽고 직관적으로 게임이론을 이해하고 현실에
적용할 수 있도록 도와주는 최고의 입문서.

No. 23 도해 단위의 사전
호시다 타다히코 지음 | 문우성 옮김 | 208쪽 | 13,000원
**세계를 바라보고, 규정하는 기준이 되는 단
위를 풀어보자!**
전 세계에서 사용되는 108개 단위의 역사와
사용 방법 등을 해설하는 본격 단위 사전. 정의와 기준, 유
래, 측정 대상 등을 명쾌하게 해설한다.

No. 24 도해 켈트 신화
이케가미 료타 지음 | 곽형준 옮김 | 264쪽 | 13,000원
쿠 훌린과 핀 막 쿨의 세계!
켈트 신화의 세계관, 각 설화와 전설의 주요
등장인물들! 이야기에 따라 내용뿐만 아니라
등장인물까지 뒤바뀌는 경우도 있는데, 그런 특별한 사항
까지 다루어, 신화의 읽는 재미를 더한다.

No. 25 도해 항공모함
노가미 아키토 외 1인 지음 | 오광웅 옮김 | 240쪽 |
13,000원
군사기술의 결정체, 항공모함 철저 해부!
군사력의 상징이던 거대 전함을 과거의 유물
로 전락시킨 항공모함. 각 국가별 발달의 역사와 임무, 영
향력에 대한 광범위한 자료를 한눈에 파악할 수 있다.

No. 26 도해 위스키
츠치야 마모루 지음 | 기미정 옮김 | 192쪽 | 13,000원
위스키, 이제는 제대로 알고 마시자!
다양한 음용법과 글라스의 차이, 바 또는 집
에서 분위기 있게 마실 수 있는 방법까지. 위
스키의 맛을 한층 돋아주는 필수 지식이 가득! 세계적인
위스키 평론가가 전하는 입문서의 결정판.

No. 27 도해 특수부대
오나미 아츠시 지음 | 오광웅 옮김 | 232쪽 | 13,000원
불가능이란 없다! 전장의 스페셜리스트!
특수부대의 탄생 배경, 종류, 규모, 각종 임
무, 그들만의 특수한 장비. 어떠한 상황에서
도 살아남기 위한 생존 기술까지 모든 것을 보여주는 책.
왜 그들이 스페셜리스트인지 알게 될 것이다.

No. 28 도해 서양화
다나카 쿠미코 지음 | 김상호 옮김 | 160쪽 | 13,000원
서양화의 변천사와 포인트를 한눈에!
르네상스부터 근대까지, 시대를 넘어 사랑
받는 명작 84점을 수록. 각 작품들의 배경과
특징, 그림에 담겨있는 비유적 의미와 기법 등, 감상 포인
트를 명쾌하게 해설하였으며, 더욱 깊은 이해를 위한 역사
와 종교 관련 지식까지 담겨있다.

No. 29 도해 갑자기
그림을 잘 그리게 되는 법
나카야마 시게노부지음 | 이연희 옮김 | 204쪽 | 13,000원
멋진 일러스트의 초간단 스킬 공개!
투시도와 원근법만으로, 멋지고 입체적인 일
러스트를 그릴 수 있는 방법! 그림에 대한 재능이 없다 생
각 말고 읽어보자. 그림이 극적으로 바뀔 것이다.

No. 30 도해 사케
키미지마 사토시 지음 | 기미정 옮김 | 208쪽 | 13,000원
사케를 더욱 즐겁게 마셔 보자!
선택 법, 온도, 명칭, 안주와의 궁합, 분위기
있게 마시는 법 등, 사케의 맛을 한층 더 즐
길 수 있는 모든 지식이 담겨 있다. 일본 요리의 거장이 전
해주는 사케 입문서의 결정판.

No. 31 도해 흑마술
쿠사노 타쿠미 지음 | 곽형준 옮김 | 224쪽 | 13,000원
역사 속에 실존했던 흑마술을 총망라!
악령의 힘을 빌려 행하는 사악한 흑마술을
총망라한 책. 흑마술의 정의와 발전, 기본 법
칙을 상세히 설명한다. 또한 여러 국가에서 행해졌던 흑마
술 사건들과 관련 인물들을 소개한다.

No. 32 도해 현대 지상전
모리 모토사다 지음 | 정은택 옮김 | 220쪽 | 13,000원
아프간 이라크! 현대 지상전의 모든 것!!
저자가 직접, 실제 전장에서 활동하는 군인
은 물론 민간 군사기업 관계자들과도 폭넓게
교류하면서 얻은 정보들을 아낌없이 공개한 책. 현대전에
투입되는 지상전의 모든 것을 해설한다.

No. 33 도해 건파이트
오나미 아츠시 지음 | 송명규 옮김 | 232쪽 | 13,000원
총격전에서 일어나는 상황을 파헤친다!
영화, 소설, 애니메이션 등에서 볼 수 있는
총격전. 그 장면들은 진짜일까? 실전에서는
총기를 어떻게 다루고, 어디에 몸을 숨겨야 할까. 자동차
추격전에서의 대처법 등 건 액션의 핵심 지식.

No. 34 도해 마술의 역사
쿠사노 타쿠미 지음 | 김진아 옮김 | 224쪽 | 13,000원
마술의 탄생과 발전 과정을 알아보자!
고대에서 현대에 이르기까지 마술은 문화의
발전과 함께 널리 퍼져나갔으며, 다른 마술
과 접촉하면서 그 깊이를 더해왔다. 마술의 발생시기와 장
소, 변모 등 역사와 개요를 상세히 소개한다.

No. 35 도해 군용 차량
노가미 아키토 지음 | 오광웅 옮김 | 228쪽 | 13,000원
**지상의 왕자, 전차부터 현대의 바퀴달린 사역
마까지!!**
전투의 핵심인 전투 차량부터 눈에 띄지 않는
무대에서 묵묵히 임무를 다하는 각종 지원 차량까지 각자
맡은 임무에 충실하도록 설계되고 고안된 군용 차량만의
다채로운 세계를 소개한다.

No. 36 도해 첩보·정찰 장비
사카모토 아키라 지음 | 문성호 옮김 | 228쪽 | 13,000원
승리의 열쇠 정보! 정보전의 모든 것!
소음총, 소형 폭탄, 소형 카메라 및 통신기기
등 영화에서나 등장할 법한 첩보원들의 특수
장비부터 정찰 위성에 이르기까지 첩보 및 정찰 장비들을
400점의 사진과 일러스트로 설명한다.

No. 37 도해 세계의 잠수함
사카모토 아키라 지음 | 류재학 옮김 | 242쪽 | 13,000원
바다를 지배하는 침묵의 자객, 잠수함.
잠수함은 두 번의 세계대전과 냉전기를 거
쳐, 최첨단 기술로 최신 무장시스템을 갖추
어왔다. 원리와 구조, 승조원의 훈련과 임무, 생활과 전투
방법 등을 사진과 일러스트로 철저히 해부한다.

No. 38 도해 무녀
토키타 유스케 지음 | 송명규 옮김 | 236쪽 | 13,000원
무녀와 샤머니즘에 관한 모든 것!
무녀의 기원부터 시작하여 일본의 신사에서
치르고 있는 각종 의식, 그리고 델포이의 무
녀, 한국의 무당을 비롯한 세계의 샤머니즘과 각종 종교를
106가지의 소주제로 분류하여 해설한다!

No. 39 도해 세계의 미사일 로켓 병기
사카모토 아키라 | 유병준·김성훈 옮김 | 240쪽
| 13,000원
ICBM부터 THAAD까지!
현대전의 진정한 주역이라 할 수 있는 미사
일. 보병이 휴대하는 대전차 로켓부터 공대공 미사일. 대
륙간 탄도탄, 그리고 근래 들어 언론의 주목을 받고 있는
ICBM과 THAAD까지 미사일의 모든 것을 해설한다!

No. 40 독과 약의 세계사
후나야마 신지 지음 | 진정숙 옮김 | 292쪽 | 13,000원
독과 약의 차이란 무엇인가?
화학물질을 어떻게 하면 유용하게 활용할 수
있는가 하는 것은 인류에 있어 중요한 과제
가운데 하나라 할 수 있다. 독과 약의 역사, 그리고 우리 생
활과의 관계에 대하여 살펴보도록 하자.

No. 41 영국 메이드의 일상
무라카미 리코 지음 | 조아라 옮김 | 460쪽 | 13,000원
빅토리아 시대의 아이콘 메이드!
가사 노동자이며 직장 여성의 최대 다수를 차
지했던 메이드의 일과 생활을 통해 영국의 다
른 면을 살펴본다. 『엠마 빅토리안 가이드』의 저자 무라카
미 리코의 빅토리아 시대 안내서.

No. 42 영국 집사의 일상
무라카미 리코 지음 | 기미정 옮김 | 292쪽 | 13,000원
집사, 남성 가사 사용인의 모든 것!
Butler, 즉 집사로 대표되는 남성 상급 사용
인. 그들은 어떠한 일을 했으며 어떤 식으로
하루를 보냈을까? 『엠마 빅토리안 가이드』의 저자 무라카
미 리코의 빅토리아 시대 안내서 제2탄.

No. 43 중세 유럽의 생활
가와하라 아쓰시 외 1인 지음 | 남지연 옮김 | 260쪽 | 13,000원
새롭게 조명하는 중세 유럽 생활사
철저히 분류되는 중세의 신분, 그 중 『일하는
자』의 일상생활은 어떤 것이었을까? 각종 도
판과 사료를 통해, 중세 유럽에 대해 알아보자.

No. 44 세계의 군복
사카모토 아키라 지음 | 진정숙 옮김 | 130쪽 | 13,000원
세계 각국 군복의 어제와 오늘!!
형태와 기능미가 절묘하게 융합된 의복인 군
복. 제2차 세계대전에서 현대에 이르기까지,
각국의 전투복과 정복 그리고 각종 장구류와 계급장, 훈장
등, 군복만의 독특한 매력을 느껴보자!

No. 45 세계의 보병장비

사카모토 아키라 지음 | 이상언 옮김 | 234쪽 | 13,000원

현대 보병장비의 모든 것!

군에 있어 가장 기본이 되는 보병 개인화기, 전투복, 군장, 전투식량, 그리고 미래의 장비까지. 제2차 세계대전 이후 눈부시게 발전한 보병 장비와 현대전에 있어 보병이 지닌 의미에 대하여 살펴보자.

No. 46 해적의 세계사

모모이 지로 지음 | 김효진 옮김 | 280쪽 | 13,000원

「영웅」인가, 「공적」인가?

지중해, 대서양, 카리브해, 인도양에서 활동했던 해적을 중심으로, 영웅이자 약탈자, 정복자, 야심가 등 여러 시대에 걸쳐 등장했던 다양한 해적들이 세계사에 남긴 발자취를 더듬어본다.

No. 47 닌자의 세계

야마키타 아츠시 지음 | 송명규 옮김 | 232쪽 | 13,000원

실제 닌자의 활약을 살펴본다!

어떠한 임무라도 완수할 수 있도록 닌자는 온갖 지혜를 짜내며 궁극의 도구와 인술을 만들어냈다. 과연 닌자는 역사 속에서 어떤 활약을 펼쳤을까.

No. 48 스나이퍼

오나미 아츠시 지음 | 이상언 옮김 | 240쪽 | 13,000원

스나이퍼의 다양한 장비와 고도의 테크닉!

아군의 절체절명 위기에서 한 곳 차이의 절묘한 타이밍으로 전세를 역전시키기도 하는 스나이퍼의 세계를 알아본다.

No. 49 중세 유럽의 문화

이케가미 쇼타 지음 | 이은수 옮김 | 256쪽 | 13,000원

심오하고 매력적인 중세의 세계!

기사, 사제와 수도사, 음유시인에 숙녀, 그리고 농민과 상인과 기술자들. 중세 배경의 판타지 세계에서 자주 보았던 그들의 리얼한 생활을 풍부한 일러스트와 표로 이해한다!

No. 50 기사의 세계

이케가미 쇼타 지음 | 이은수 옮김 | 256쪽 | 13,000원

심오하고 매력적인 중세의 세계!

기사, 사제와 수도사, 음유시인에 숙녀, 그리고 농민과 상인과 기술자들. 중세 배경의 판타지 세계에서 자주 보았던 그들의 리얼한 생활을 풍부한 일러스트와 표로 이해한다!

No. 51 영국 사교계 가이드
-19세기 영국 레이디의 생활-

무라카미 리코 지음 | 문성호 옮김 | 216쪽 | 15,000원

19세기 영국 사교계의 생생한 모습!

당시에 많이 출간되었던 「에티켓 북」의 기술을 바탕으로, 빅토리아 시대 중류 여성들의 사교 생활을 알아보며 그 속마음까지 들여다본다.

No. 52 중세 유럽의 성채 도시

무라카미 리코 지음 | 문성호 옮김 | 216쪽 | 15,000원

19세기 영국 사교계의 생생한 모습!

당시에 많이 출간되었던 「에티켓 북」의 기술을 바탕으로, 빅토리아 시대 중류 여성들의 사교 생활을 알아보며 그 속마음까지 들여다본다.

No. 53 마도서의 세계

쿠사노 타쿠미 지음 | 남지연 옮김 | 236쪽 | 15,000원

마도서의 기원과 비밀!

천사와 악마 같은 영혼을 소환하여 자신의 소망을 이루는 마도서의 원리를 설명한다.

환상 네이밍 사전

신키겐샤 편집부 지음 | 유진원 옮김 | 288쪽 | 14,800원

의미 없는 네이밍은 이제 그만!
운명은 프랑스어로 무엇이라고 할까? 독일어,
일본어로는? 중국어로는? 더 나아가 이탈리아
어, 러시아어, 그리스어, 라틴어, 아랍어에 이르
기까지. 1,200개 이상의 표제어와 11개국어, 13,000개 이
상의 단어를 수록!!

중2병 대사전

노무라 마사타카 지음 | 이재경 옮김 | 200쪽 | 14,800원

이 책을 보는 순간, 당신은 이미 궁금해하고 있다!
사춘기 청소년이 행동할 법한. 손발이 오그라드
는 행동이나 사고를 뜻하는 중2병. 서브컬처 작
품에 자주 등장하는 중2병의 의미와 기원 등, 102개의 항목
에 대해 해설과 칼럼을 곁들여 알기 쉽게 설명 한다.

크툴루 신화 대사전

고토 카츠 외 1인 지음 | 곽형준 옮김 | 192쪽 | 13,000원

신화의 또 다른 매력. 무한한 가능성!
H.P. 러브크래프트를 중심으로 여러 작가들의
설정이 거대한 세계관으로 자리잡은 크툴루 신
화. 현대 서브 컬처에 지대한 영향을 끼치고 있다. 대중 문화
속에 알게 모르게 자리 잡은 크툴루 신화의 요소를 설명하는
본격 해설서.

문양박물관

H. 돌메치 지음 | 이지은 옮김 | 160쪽 | 8,000원

세계 문양과 장식의 정수를 담다!
19세기 독일에서 출간된 H. 돌메치의 『장식의
보고』를 바탕으로 제작된 책이다. 세계 각지의
문양 장식을 소개한 이 책은 이론보다 실용에
초점을 맞춘 입문서. 화려하고 아름다운 전 세계의 문양을 수
록한 실용적인 자료집으로 손꼽힌다.

고대 로마군 무기·방어구·전술 대전

노무라 마사타카 외 3인 지음 | 기미정 옮김 | 224쪽 | 13,000원

위대한 정복자, 고대 로마군의 모든 것!
부대의 편성부터 전술. 장비 등. 고대 최강의 군
대라 할 수 있는 로마군이 어떤 집단이었는지
상세하게 분석하는 해설서. 압도적인 군사력으로 세계를 석
권한 로마 제국. 그 힘의 전모를 철저하게 검증한다.

도감 무기 갑옷 투구

이치카와 사다하루 외 3인 지음 | 남지연 옮김 | 448쪽 | 29,000원

역사를 망라한 궁극의 군장도감!
고대로부터 무기는 당시 최신 기술의 정수와 함
께 철학과 문화, 신념이 어우러져 완성되었다.
이 책은 그러한 무기들의 기능. 원리, 목적 등과 더불어 그 기
원과 발전 양상 등을 그림과 표를 통해 알기 쉽게 설명하고
있다. 역사상 실재한 무기와 갑옷. 투구들을 통사적으로 살펴
보자!

중세 유럽의 무술, 속 중세 유럽의 무술

오사다 류타 지음 | 남유리 옮김
각 권 672쪽~624쪽 | 각 권 29,000원

본격 중세 유럽 무술 소개서!
막연하게만 떠오르는 중세 유럽~르네상스 시
대에 활약했던 검술과 격투술의 모든 것을 담
은 책. 영화 등에서만 접할 수 있었던 유럽 중세
시대 무술의 기본이념과 자세. 방어, 보법부터,
시대를 풍미한 각종 무술까지, 일러스트를 통해
알기 쉽게 설명한다.

최신 군용 총기 사전

토코이 마사미 지음 | 오광웅 옮김 | 564쪽 | 45,000원

세계 각국의 현용 군용 총기를 총망라!
주로 군용으로 개발되었거나 군대 또는 경찰의
대테러부대처럼 중무장한 조직에 배치되어 사
용되고 있는 소화기가 중점적으로 수록되어 있으며, 이외에
도 각 제작사에서 국제 군수시장에 수출할 목적으로 개발, 시
제품만이 소수 제작되었던 총기류도 함께 실려 있다.

초패미컴, 초초패미컴

타네 키요시 외 2인 지음 | 문성호 외 1인 옮김
각 권 360, 296쪽 | 각 권 14,800원

게임은 아직도 패미컴을 넘지 못했다!
패미컴 탄생 30주년을 기념하여, 1983년 『동
키콩』부터 시작하여, 1994년 『타카하시 명인
의 모험도 IV』까지 총 100여 개의 작품에 대한
리뷰를 담은 영구 소장판. 패미컴과 함께했던
아련한 추억을 간직하고 있는 모든 이들을 위한
책이다.

초쿠소게 1,2

타네 키요시 외 2인 지음 | 문성호 옮김
각 권 224, 300쪽 | 각 권 14,800원

망작 게임들의 숨겨진 매력을 재조명!
『쿠소게クソゲー』란 '똥·クソ'과 '게임-Game'의
합성어, 어감 그대로 정말 못 만들고 재미없
는 게임을 지칭할 때 사용되는 조어이다. 우리
말로 바꾸면 망작 게임 정도가 될 것이다. 레트
로 게임에서부터 플레이스테이션3까지 게이머
들의 기대를 보란듯이 저버렸던 수많은 쿠소게
들을 총망라하였다.

초에로게, 초에로게 하드코어

타네 키요시 외 2인 지음 | 이은수 옮김
각 권 276쪽, 280쪽 | 각 권 14,800원

명작 18금 게임 총출동!
에로게란 '에로-エロ'와 '게임-Game'의 합성어
로, 말 그대로 성적인 표현이 담긴 게임을 지칭
한다. '에로게 헌터'라 자처하는 베테랑 저자들
의 엄격한 심사(?)를 통해 선정된 '명작 에로게'
들에 대한 본격 리뷰집!!

세계의 전투식량을 먹어보다

키쿠즈키 토시유키 지음 | 오광웅 옮김 | 144쪽 | 13,000원

전투식량에 관련된 궁금증을 한권으로 해결!

전투식량이 전장에서 자리를 잡아가는 과정과, 미국의 독립진쟁부터 시작하여 역사 속 여러 전쟁의 전투식량 배급 양상을 살펴보는 책. 식품부터 식기까지, 수많은 전쟁 속에서 전투식량이 어떤 모습으로 등장하였고 병사들은 이를 어떻게 취식하였는지, 흥미진진한 역사를 소개하고 있다.

세계장식도 I, II

오귀스트 라시네 지음 | 이지은 옮김 | 각 권 160쪽 | 각 권 8,000원

공예 미술계 불후의 명작을 농축한 한 권!

19세기 프랑스가 가장 유명한 디자이너였던 오귀스트 라시네의 대표 저서 「세계장식 도집성」에서 인상적인 부분을 뽑아내 콤팩트하게 정리한 다이제스트판. 공예 미술의 각 분야를 포괄하는 내용을 담은 책으로, 방대한 예시를 더욱 정교하게 소개한다.

서양 건축의 역사

사토 다쓰키 지음 | 조민경 옮김 | 264쪽 | 14,000원

서양 건축사의 결정판 가이드 북!

건축의 역사를 살펴보는 것은 당시 사람들의 의식을 살펴보는 것과도 같다. 이 책은 고대에서 중세, 르네상스기로 넘어오며 탄생한 다양한 양식들을 당시의 사회, 문화, 기후, 토질 등을 바탕으로 해설하고 있다.

세계의 건축

코우다 미노루 외 1인 지음 | 조민경 옮김 | 256쪽 | 14,000원

고품격 건축 일러스트 자료집!

시대를 망라하는 건축물의 외관 및 내부의 장식을 정밀한 일러스트로 소개한다. 흔히 보이는 풍경이나 딱딱한 도시의 건축물이 아닌, 고풍스러운 건물들을 섬세하고 세밀한 선화로 표현하여 만화, 일러스트 자료에 최적화된 형태로 수록하고 있다

지중해가 낳은 천재 건축가 -안토니오 가우디

이리에 마사유키 지음 | 김진아 옮김 | 232쪽 | 14,000원

천재 건축가 가우디의 인생, 그리고 작품

19세기 말~20세기 초의 카탈루냐 지역 및 그의 작품들이 지어진 바르셀로나의 지역사, 그리고 카사 바트요, 구엘 공원, 사그라다 파밀리아 성당 등의 작품들을 통해 안토니오 가우디의 생애를 본격적으로 살펴본다.

민족의상 1,2

오귀스트 라시네 지음 | 이지은 옮김 | 각 권 160쪽 | 각 8,000원

화려하고 기품 있는 색감!!

디자이너 오귀스트 라시네의 「복식사」 전 6권 중에서 민족의상을 다룬 부분을 바탕으로 제작되었다. 당대에 정점에 올랐던 석판 인쇄 기술로 완성되어, 시대가 흘렀음에도 그 세세하고 풍부하고 아름다운 색감이 주는 감동은 여전히 빛을 발한다.

중세 유럽의 복장

오귀스트 라시네 지음 | 이지은 옮김 | 160쪽 | 8,000원

고품격 유럽 민족의상 자료집!!

19세기 프랑스의 유명한 디자이너 오귀스트 라시네가 직접 당시의 민족의상을 그린 자료집. 유럽 각지에서 사람들이 실제로 입었던 민족의상의 모습을 그대로 풍부하게 수록하였다. 각 나라의 특색과 문화가 담겨있는 민족의상을 감상할 수 있다.

그림과 사진으로 풀어보는 이상한 나라의 앨리스

구와바라 시게오 지음 | 조민경 옮김 | 248쪽 | 14,000원

매혹적인 원더랜드의 논리를 완전 해설!

산업 혁명을 통한 눈부신 문명의 발전과 그 그늘. 도덕주의와 엄숙주의, 위선과 허영이 병존하던 빅토리아 시대는 「원더랜드」의 탄생과 그 배경으로 어떻게 작용했을까? 순진 무구한 소녀 앨리스가 우연히 발을 들인 기묘한 세상의 완전 가이드북!!

그림과 사진으로 풀어보는 알프스 소녀 하이디

지바 가오리 외 지음 | 남지연 옮김 | 224쪽 | 14,000원

하이디를 통해 살펴보는 19세기 유럽사!

「하이디」라는 작품을 통해 19세기 말의 스위스를 알아본다. 또한 원작자 슈피리의 생애를 교차시켜 「하이디」의 세계를 깊이 파고든다. 「하이디」를 읽은 사람은 물론, 작품을 보다 깊이 감상하고 싶은 사람에게 있어 좋은 안내서가 되어줄 것이다.

영국 귀족의 생활

다나카 료조 지음 | 김상호 옮김 | 192쪽 | 14,000원

영국 귀족의 우아한 삶을 조명한다

현대에도 귀족제도가 남아있는 영국. 귀족이 영국 사회에서 어떠한 의미를 가지고 또 기능하는지, 상세한 설명과 사진자료를 통해 귀족 특유의 화려함과 고상함의 이면에 자리 잡은 책임과 무게, 귀족의 삶 깊숙한 곳까지 스며든 '노블레스 오블리주'의 진정한 의미를 알아보자.

요리 도감

오치 도요코 지음 | 김세원 옮김 | 384쪽 | 18,000원

요리는 힘! 삶의 저력을 키워보자!!

이 책은 부모가 자식에게 조곤조곤 알려주는 요리 조언집이다. 처음에는 요리가 서툴고 다소 귀찮게 느껴질지 모르지만, 약간의 요령과 습관만 익히면 스스로 요리를 완성한다는 보람과 매력, 그리고 요리라는 삶의 지혜에 눈을 뜨게 될 것이다.

초콜릿어 사전

Dolcerica 가가와 리카코 지음 | 이지은 옮김 | 260쪽 | 13,000원

사랑스러운 일러스트로 보는 초콜릿의 매력!

나른해지는 오후, 기력 보충 또는 기분 전환 삼아 한 조각 먹게 되는 초콜릿 「초콜릿어 사전」은 초콜릿의 역사와 종류, 제조법 등 기본 정보와 관련 용어 그리고 그 해설을 유머러스하면서도 사랑스러운 일러스트와 함께 싣고 있는 그림 사전이다.

사육 재배 도감

아라사와 시게오 지음 | 김민영 옮김 | 384쪽 | 18,000원

동물과 식물을 스스로 키워보자!

생명을 돌보는 것은 결코 쉬운 일이 아니다 꾸준히 손이 가고, 인내심과 동시에 책임감을 요구하기 때문이다 그럴 때 이 책과 함께 하나면 어떨까? 살아있는 생명과 함께하며 성숙해진 마음은 그 무엇과도 바꿀 수 없는 보물로 남을 것이다.

판타지세계 용어사전

고타니 마리 감수 | 전홍식 옮김 | 248쪽 | 18,000원

판타지의 세계를 즐기는 가이드북!

온갖 신비로 가득한 판타지의 세계 「판타지세계 용어사전」은 판타지의 세계에 대한 이해를 돕고 보다 깊이 즐길 수 있도록, 세계 각국의 신화, 선설, 역사적 사건 속의 용어들을 뽑아 해설하고 있으며, 한국어판 특전으로 역자가 엄선한 한국 판타지 용어 해설집을 수록하고 있다.

식물은 대단하다

다나카 오사무 지음 | 남지연 옮김 | 228쪽 | 9,800원

우리 주변의 식물들이 지닌 놀라운 힘!

오랜 세월에 걸쳐 거목을 밀려 죽이는 교살자 무화과나무, 딱지를 만들어 몸을 지키는 바나나 등 식물이 자신을 보호하는 아이디어, 환경에 적응하여 살아가기 위한 구조의 대단함을 해설한다. 동물은 흉내 낼 수 없는 식물의 경이로운 능력을 알아보자.

세계사 만물사전

헤이본사 편집부 지음 | 남지연 옮김 | 444쪽 | 25,000원

우리 주변의 교통 수단을 시작으로, 의복, 각종 악기와 음악, 문자, 농업, 신화, 건축물과 유적 등, 고대부터 제2차 세계대전 종전 이후까지의 각종 사물 약 3000점의 유래와 그 역사를 상세한 그림으로 해설한다.

그림과 사진으로 풀어보는 마녀의 약초상자

마녀의 약초상자

니시무라 유코 지음 | 김상호 옮김 | 220쪽 | 13,000원

「약초」라는 키워드로 마녀를 추적하다!

정체를 알 수 없는 약물을 제조하거나 저주와 마술을 사용했다고 알려진 「마녀」란 과연 어떤 존재였을까? 그들이 제조해온 마법약의 재료와 제조법, 마녀들이 특히 많이 사용했던 여러 종의 약초와 그에 얽힌 이야기들을 통해 마녀의 비밀을 알아보자.

고대 격투기

오사다 류타 지음 | 남지연 옮김 | 264쪽 | 21,800원

고대 지중해 세계의 격투기를 총망라!

레슬링, 복싱, 판크라티온 등의 맨몸 격투술에서 무기를 활용한 전투술까지 풍부하게 수록한 격투 교본. 고대 이집트 · 로마의 격투술을 일러스트로 상세하게 해설한다.

초콜릿 세계사

초콜릿 세계사
-근대 유럽에서 완성된 갈색의 보석

다케다 나오코 지음 | 이지은 옮김 | 240쪽 | 13,000원

신비의 약이 연인 사이의 선물로 자리 잡기까지의 역사!

원산지에서 「신의 음료」라고 불렸던 카카오. 유럽 탐험가들에 의해 서구 세계에 알려진 이래, 19세기에 이르러 오늘날의 형태와 같은 초콜릿이 탄생했다. 전 세계로 널리 퍼질 수 있었던 초콜릿의 흥미진진한 역사를 살펴보자.

에로 만화 표현사

키미 리토 지음 | 문성호 옮김 | 456쪽 | 29,000원

에로 만화에 학문적으로 접근하다!

에로 만화 주요 표현들의 길은 역사, 복잡하게 얽힌 성립 배경과 관련 사건 등에 대해 자세히 분석해본다.

AK Trivia Book 54

영국의 주택
- 영국인의 라이프 스타일 -

초판 1쇄 인쇄 2019년 5월 10일
초판 1쇄 발행 2019년 5월 15일

저자 : 야마다 카요코, Cha Tea 홍차 교실
번역 : 문성호

펴낸이 : 이동섭
편집 : 이민규, 서찬웅, 탁승규
디자인 : 조세연, 백승주, 김현승
영업・마케팅 : 송정환
e-BOOK : 홍인표, 김영빈, 유재학, 최정수, 이현주
관리 : 이윤미

㈜에이케이커뮤니케이션즈
등록 1996년 7월 9일(제302-1996-00026호)
주소 : 04002 서울 마포구 동교로 17안길 28, 2층
TEL : 02-702-7963~5   FAX : 02-702-7988
http://www.amusementkorea.co.kr

ISBN 979-11-274-2526-5 03610

ZUSETSU EIKOKU NO JUTAKU
© KAYOKO YAMADA, CHA TEA KOUCHA KYOUSHITSU 2018
Originally published in Japan in 2018 by KAWADE SHOBO SHINSHA Ltd. Publishers, TOKYO,
Korean translation rights arranged with KAWADE SHOBO SHINSHA Ltd. Publishers, TOKYO,
through TOHAN CORPORATION, TOKYO.

이 도서의 국립중앙도서관 출판예정도서목록(CIP)은 서지정보유통지원시스템 홈페이지(http://
seoji.nl.go.kr)와 국가자료공동목록시스템(http://www.nl.go.kr/kolisnet)에서 이용하실 수 있습니
다. (CIP제어번호: CIP2019015294)

*잘못된 책은 구입한 곳에서 무료로 바꿔드립니다.